高等学校“十一五”规划教材

体能训练的基本理论与方法

主　编　谷　崎
副主编　张智颖　谢新涛　文　安
编　者　谷　崎　张智颖　谢新涛　文　安
王　兵　张　谨　魏　中

西北工業大學出版社

【内容简介】 本书是关于人体体能训练基本理论与实际操作方法的教材，内容主要包括体能训练导论、力量素质训练的基本理论与方法、速度素质训练的基本理论与方法、耐力素质训练的基本理论与方法、柔韧素质训练的基本理论与方法、灵敏素质训练的基本理论与方法、体能训练中的营养与恢复等。本书理论与实践紧密结合，详细介绍了发展体能的一般方法和具体方法，具有较强的目的性、针对性、实用性和科学性，内容丰富新颖，安排紧凑，文字简练，图文并茂，通俗易懂，科学、实用，具有较强的参考价值。每章均列有内容提要和学习重点，章末有概括性的思考题，便于读者学习与强化提高。

本书不仅适合体育院系的学生和普通大学生作教科书，也可供教练员、运动员、体育教师、体育科研人员以及部队和武警官兵作为体能训练的参考书。

图书在版编目（CIP）数据

体能训练的基本理论与方法/谷崎主编．—西安：西北工业大学出版社，2010.1（2020.1重印）

ISBN 978-7-5612-2732-9

Ⅰ.①体… Ⅱ.①谷… Ⅲ.①身体训练 Ⅳ.①G808.14

中国版本图书馆CIP数据核字（2010）第022677号

出版发行：西北工业大学出版社
通信地址：西安市友谊西路127号 邮编：710072
电　　话：(029) 88493844 88491757
网　　址：www.nwpup.com
印 刷 者：陕西向阳印务有限公司
开　　本：787 mm×1 092 mm 1/16
印　　张：9.25
字　　数：220千字
版　　次：2010年1月第1版 2020年1月第7次印刷
定　　价：28.00元

前 言

一本好的教材，其学术价值不逊于一本专著。因为任何学科的发展，都有赖于年轻学者队伍的不断壮大，而他们从教材中获得该学科的基本知识乃是不可或缺的成长环节。关于体能训练方面的教材，我国于21世纪初已有数种问世。但由于当前国内外在该领域的内容有较新的发展，也不断提出了新的要求，因此，我们编写这本教材以备新的教学之需。随着我国运动训练科学化的探索不断深入，体能训练科学获得新的发展生机。于是，关于体能训练方面的中外著作与译作多有问世。这本《体能训练的基本理论与方法》也忝居其列，甚以为幸。

本书是关于人体体能训练基本理论与实际操作方法的教材，全书共分7章，内容主要包括体能训练导论、力量素质训练的基本理论与方法、速度素质训练的基本理论与方法、耐力素质训练的基本理论与方法、柔韧素质训练的基本理论与方法、灵敏素质训练的基本理论与方法、体能训练中的营养与恢复等。本书理论与实践紧密结合，详细介绍了发展体能的一般方法和具体方法，具有较强的目的性、针对性、实用性和科学性，内容丰富新颖，安排紧凑，文字简练，图文并茂，通俗易懂，科学、实用，具有较强的参考价值。每章均列有内容提要和学习重点，章末有概括性的思考题，便于读者学习与强化提高。

本书的编写凝聚着许多人的心血，它是集体劳动的结晶。本书由谷崎担任主编，张智颖、谢新涛、文安担任副主编，谷崎负责全书的策划、提纲编写、统稿以及第一章的编写，谢新涛编写了第二章，张智颖编写了第三章，张谨编写了第四章，魏中编写了第五章，文安编写了第六章，王兵编写了第七章。

如前所述，本书的形成是在诸多体育工作前辈和其他体育同行研究工作的基础上进行的，本书体例和内容的安排都取自于他们著作的思想和内容的精华，或受到启发而加以引申的。因此笔者要对在主要参考文献中所列的各位作者和其他一些有关的同行与学者表示由衷的谢意。

在编写本教材的过程中，西安工业大学有关领导给予了大力支持并提出了许多宝贵意见，西安工业大学教务处范新会教授、齐华教授和其他一些专家学者也提出了许多宝贵意见，特别是西北工业大学出版社社长李恩普教授对本书的出版给予了多方面支持。在此，谨向他们致以诚挚的谢意。

由于编者水平有限，书中不妥之处在所难免，敬请广大读者批评指正。

编　者

2009年12月

目　录

第一章 体能训练导论

内容提要

本章在阐释体能的概念、构成、主要特性，体能训练的意义，体能训练的主要内容，影响体能发挥的外部因素，体能训练的基本原则等的基础上，主要介绍了体能训练的一些基本方法。

学习重点

本章的学习重点包括体能的内涵，体能训练的主要内容，影响体能发挥的外部因素，体能训练的基本原则以及体能训练的一些基本方法。如何用理论知识指导训练实践是学习难点。

第一节 体能训练概述

一、体能的概念及主要特性

(一)体能的概念

体能一词在英文文献中常常根据需要被表达为 Physical fitness，Physical conditioning，Physical performance，Physical capacity 等，并没有特定的专有名词。在我国港、澳、台地区很少用体能这一概念，多用的是体适能这个概念。香港学者钱伯光博士在其所著的《Keep Fit 手册》中较为详细地解释了体适能的概念：身体适能(Physical fitness)简称体适能，包括与健康相关的体适能(Health-related Physical fitness)和与竞技运动相关的体适能(Sports-related Physical fitness)两大范畴。即：良好的健康相关的体适能可让身体应付日常工作、余暇活动和突发事件；与运动相关的体适能是可以确保运动员运动表现和成绩的能力，如爆发力、速度、耐力、柔韧和敏捷等，其目的在于取胜及创造记录。在国内 1984 年由上海辞书出版社出版的《体育辞典》一书中“体能”词条算是我国大陆学者对体能概念所做的较早的一种解释：“体能是人体各器官系统的机能在体育运动中表现出来的能力，包括力量、速度、灵敏、耐力和柔韧等基本身体素质与人体的基本活动能力(如走、跑、跳、投掷、攀登、爬越和支撑等)两部分构成。”这一解释基本上与我国港、澳、台地区的体适能概念相同。

我国体育科学领域的学者关于体能的认识是一个不断深化的过程。在 1990 年以前的教材中基本不用体能一词，而是用身体素质的概念，与之相对应的训练内容被称为身体训练。如 1981

年版体育学院通用教材《体育理论》将运动训练分为身体训练、技术训练、战术训练、心理训练、智力训练和思想政治教育等6个方面的内容；1989年版全国体育学院通用教材《运动训练学》将运动员的竞技能力分为协调能力与技术训练水平、身体训练水平、战术训练水平、智能训练水平、心理训练水平、思想作风训练水平等6个方面，并对应6个方面的训练内容。直到20世纪末期出版的教材中才开始引入体能一词，如1998年出版的《项群训练理论》将运动员的竞技能力分为心、技、体、智四方面。2000年版的《运动训练学》教材在对运动员竞技能力的分析中沿用了《项群训练理论》的提法，并进一步说明，运动员体能是指运动员机体的基本运动能力，……，运动员的体能发展水平是由身体形态、身体机能及运动素质的发展状况所决定的。

由上述可知，体能在运动训练学中就是指运动员在运动中身体的基本运动能力。在此之后又有大批学者就体能这一概念进行了深入的研究。

柳伯力等（1999年）认为，体能是指运动员为提高技战术水平和创造优异运动成绩所必需的各种身体运动能力的综合。

赵志英等（1999年）认为，体能是指运动员在专项训练和比赛负荷下，最大限度地动员有机体机能能力时对抗疲劳的能力。从某种程度上理解，这种能力就是专项耐力，或者也可以称之为持续从事专项工作的能力。

田麦久等（2000年）认为，运动员体能是指运动员机体的基本运动能力，是运动员竞技能力的重要组成部分，运动员的体能发展水平是由身体形态、身体机能及运动素质的发展状况所决定的。

熊斗寅（2000年）认为，体能是一个不确定的概念，有大体能和小体能之分，大体能泛指的身体能力，包括身体运动能力、身体适应能力、身体机能和各项身体素质；小体能则是指运动训练中的体能训练和体能性项目等。

李之文（2001年）则在《体能概念探讨》一文中提出，体能是经过身体训练获得的人体各器官系统的机能在肌肉活动中表现出来的能力，它包括身体形态的适应性变化和力量、速度、灵敏、耐力及柔韧等身体素质。

孙学川（2001年）在《现代军事体能探索》一文中认为，军事体能是指军人在各种特殊环境下，为完成各种长时间、大强度和高标准的军事任务所必须具备的综合生物学能力，是一个融生理学、心理学和时间生物学等多学科素质为一体的综合生物学素质。

袁运平（2002年）认为，体能是指人体通过先天遗传和后天训练获得的在形态结构、功能与调节方面及其在物质能量的储存与转移方面所具有的潜在能力以及与外界环境结合所表现出来的综合运动能力。其大小是由机体形态结构、系统器官的机能水平、能量的物质储备与基础代谢水平及外界环境等条件决定的。

杨世勇等（2002年）认为，体能是指运动员机体的运动能力，是竞技能力的重要组成部分，是运动员为提高技战术水平和创造优异运动成绩所必需的各种身体运动能力的综合。这些能力包括身体形态、身体机能和运动素质。

王兴等（2003年）认为，广义的体能是指人们进行日常生活所必须具备的相应的基本生活能力。狭义的体能是指人们进行各项体育运动而相应具有的跑、爬、攀、蹬等竞技能力。

刘庆山（2004年）认为，体能即身体能力，是指人体形态结构和各器官系统的机能积极适应运动训练、比赛以及日常生活需要的能力。在竞技运动中运动员体能主要表现为各项身体素质。

诸位学者关于体能的定义是根据不同需要而概括定义出来的，各有特点。分歧主要集中在表述的主体与主体的表现形式两个方面。我们认为体能不仅仅适用于运动员，普通人群同样适用；一般人与运动员体能的区别主要是体能的水平和体能的专业性方面。一般人群的身体能力主要表现在日常生活中，而运动员的身体能力主要体现在体育比赛中。所以我们把体能定义为：体能是人体各器官系统的机能在日常活动和体育运动中所表现出来的身体能力。

(二)体能的基本构成

1. 身体形态

身体形态指人体的内外部形状，反映外部形态特征的指标有：高度（身高、坐高、足弓高等），长度（腿长、臂长、手长、头长、颈长、足长），围度（胸围、臂围、腿围、腰围、臀围和头围等），宽度（肩宽、髋宽）和充实度（体重、皮脂厚度等）等；反映内部形态的指标有：心脏纵横径、肌肉的形状与横断面等。

身体形态与运动成绩有密切联系，不同的运动项目对身体形态有不同的要求，而遗传和环境等因素对身体形态起着重要的决定作用，因此，选材时应从遗传等因素出发，把具有优越身体形态条件的儿童、少年挑选出来。身体形态在一定程度上反映着相应的生长发育水平、身体机能水平和竞技水平，身体形态在一定程度上影响着运动素质的发展。

影响身体形态的因素很多，如遗传、环境（自然环境、地理环境、气候等）、生活习惯、饮食等都会在一定程度上决定或影响运动员的身体形态，因此，身体形态的训练不能只从训练的角度出发，也应注意其他手段的运用。

2. 身体机能

身体机能指机体各器官系统的功能，它是身体活动能力的基础。某一机能水平直接影响着运动时所需要的某一方面能力。人体的生理机能主要包括中枢神经系统、心血管系统、呼吸系统、消化系统、生殖系统、内分泌系统、物质和能量代谢、感官、体温等。运动训练中经常涉及的身体机能指标主要有：心血管系统中的心率、血压、血红蛋白、心血管系统运动负荷（哈佛台阶试验）、心电图；呼吸系统中的肺活量、呼吸频率、最大摄氧量；肌肉结构中的肌纤维数量、长度、类型；感官功能中的视觉、听觉、平衡机能；高级神经活动类型，血睾酮等等。人的一切正常身体机能都是有遗传的，同时又有变异。如血型、血红蛋白、红白肌纤维比例等就表现出遗传特征。神经类型也有强烈遗传基础，且表现出一种显性遗传。其他如最高心率、最大吸氧量、血乳酸系统、ATP、ADP、CP、磷酸盐系统等受遗传影响也较大。

良好的身体机能是达到高水平运动成绩的先决条件，身体机能的许多指标既受遗传决定，也受环境影响，同时又有变异性，因此必须采用系统、科学的方法提高身体机能。身体机能的训练主要通过体能训练、专项训练的途径去实现。科学合理的体能训练、专项训练可以有效地发展运动员的身体机能；同时，运动员身体机能水平的提高又能有效地促进体能训练水平和专项成绩的提高与发展。

3. 身体素质

1984年中文版《体育词典》中指出："身体素质是指人体活动的一种能力，指人体在运动、劳动与生活中所表现出来的力量、速度、耐力、灵敏及柔韧性等机能能力。"这条定义指出了身体素质不仅仅包含人体运动的机能能力，而且也包含人体劳动和生活机能能力。

身体素质在体育运动中，可以看成是人体表现出来的力量、速度、耐力、灵敏以及柔韧等机能能力。这些机能能力在人体运动时主要表现为肌肉收缩力量的大小、完成单个动作频率的快慢、体位移动一定距离用时的多少、保持肌肉持续工作时间的长短、肌肉群之间活动的协调配合和各个关节活动范围的大小等方面。因为这些机能能力是在大脑皮质神经调节和有关组织器官的配合下以肌肉活动的形式反映出来的，所以身体素质又可以看成是人体在大脑及神经中枢的调控下，通过肌肉的活动所反映出来的机能能力。

人与人之间身体素质的水平差别很大，即使同一个人在不同年龄段和不同条件下也会发生很大的变化。变化的形式主要有自然增长、自然减退和训练增长。人们通过对各种肌肉群进行不同形式的练习，能有效地提高身体素质或在一定程度上延缓身体素质自然减退的速度。

(三)体能的主要特性

1.遗传获得

根据体能的定义我们可以清楚地得知，身体形态和身体机能是体能的主要构成，是体能的物质基础。运动员更是如此，没有合适的身体形态和身体机能，就很难适应这一项目，也很难在这一项目上取得突出的成绩。这时身体形态和身体机能在很大程度上表现为专项身体素质。例如，体操运动员不可能在相扑比赛中胜出，相扑运动员同样不可能在体操比赛中获胜。众所周知，身体的形态结构和身体机能状况受遗传的影响非常大，身体素质中某些指标同样取决于先天的遗传。学者曾凡辉等(1992年)就遗传对体能不同指标的影响进行了研究，认为遗传对体能不同指标有影响，但影响的程度有所不同(见表1.1)。

遗传为身体形态和身体机能的形成和发展提供了必要的生理生化和组织结构的物质基础，后天的训练是在先天遗传的基础上，根据运动需要，使部分体能指标得到一定程度的提高或完善它们的内部组合，但很难从根本上改变。例如，一个成年人即便经过长期艰苦的训练身高也不会发生大的变化。也就是说，体能的诸多指标有很大一部分是通过遗传获得的，有些人即使没有任何训练，也可以表现出一定的运动水平，我们会说这人有运动天赋。这也正是运动选材的意义所在。

表1.1　不同体能指标的遗传度

单位：%

<table>
<tr><th rowspan="2">体能指标</th><th colspan="4">身体形态</th><th colspan="6">身体机能</th><th colspan="6">身体素质</th></tr>
<tr><th>身高</th><th>臂长</th><th>肩宽</th><th>去脂体重</th><th>最大心率</th><th>最大摄氧量</th><th>ATP CP含量</th><th>肌纤维比例</th><th>血睾</th><th>血乳酸最大浓度</th><th>反应速度</th><th>相对力量</th><th>有氧耐力</th><th>无氧耐力</th><th>柔韧性</th><th>动作频率</th></tr>
<tr><td>男</td><td>75</td><td>80</td><td>77</td><td>87</td><td rowspan="2">85.9</td><td rowspan="2">69～93.6</td><td rowspan="2">67～89</td><td rowspan="2">80</td><td>78</td><td rowspan="2">61～81</td><td rowspan="2">75</td><td rowspan="2">64</td><td rowspan="2">85</td><td rowspan="2">70</td><td rowspan="2">70</td><td rowspan="2">75</td></tr>
<tr><td>女</td><td>92</td><td>87</td><td>70</td><td>78</td><td>91</td></tr>
</table>

2.后天训练影响巨大

体能的水平主要是通过后天训练所获得的，没有长期、系统、科学的训练，体能的水平不可能有突破性的进展。体能的不同指标对运动负荷都有一定的适应性，经过长期、持续的有效训练，体能水平才能大幅度地提高，但是停止训练后已经获得增长的体能在停止负荷或较小负荷下会消退。我们从原理上进行一些分析。

首先,体能各个因子对运动负荷的适应。应激性和适应性是生物体最基本的生理特征之一。运动负荷的本质也是一种外部刺激,而且是一种非常强烈的刺激,并会导致机体非常剧烈的应答性变化。人们按照训练计划对机体有系统地实施运动负荷刺激,其目的并非仅仅希望引起身体发生剧烈的应答性变化,而是希望通过身体机能的变化,多多少少能够获得一定程度的身体机能和结构的改变。长期、良性的运动负荷刺激,运动员身体会通过“结构重建”和“机能重建”等过程,使其形态、结构和机能发生有利于运动能力提高的适应性变化,如肌纤维有所增粗,以产生更大的收缩力量;骨密质增厚、骨小梁的排列方向发生改变,使其能够承受更大的力量;糖原等能源物质的储备增加,相关酶的活性提高等。长期的运动训练过程实质上就是一个不断重复进行的刺激——应激——适应的过程,是一个身体结构与机能不断破坏与重建的循环过程,通过这个过程运动员的体能得到不断增强,因此体能训练要长期坚持。需要注意的是,机体对不适宜的运动负荷刺激也能发生适应性变化,其适应的结果往往不是我们所预期的,如长期安排大负荷运动而恢复不足,机体产生的适应性变化的结果并非我们预期的体能的提高,而是发生过度训练或过度疲劳现象,体能反而降低了,这是一种不良适应。

其次,体能发展的连续性与阶段性是指体能的各项能力在青少年生长发育过程中的自然增长并不是平衡的、匀速的发展,而是在某些特定的年龄阶段某一项或几项能力发展较快,呈现出在连续性基础上的阶段性特点,也就是平常我们所说的存在发展的敏感期。例如,儿童运动器官和神经系统的生长发育过程中就存在“头尾发展规律”,即首先发育的是头部运动,然后过度到上肢运动,再发展躯干运动,最后发展下肢运动。身体肌肉的发育顺序是:躯干肌先于四肢肌,屈肌先于伸肌,上肢肌先于下肢肌,大块肌肉先于小肌肉。研究表明,8～9岁以后,肌肉发育加快,15岁以后,小肌群迅速发育,15～18岁是躯干力量增长最快的时期。在肢体的长度和围度方面,一般长度先于围度。身体素质是机体器官和系统机能的综合表现,其发展也存在明显的阶段性,各项体能指标发展的敏感期如表1.2所示。

表1.2 体能主要指标增长最快的年龄段

指标类别		年龄阶段	
		男	女
形态	身高	12～15岁	10～13岁
	体重(去脂)	12～15岁	10～13岁
机能	心输出量	12～15岁	11～13岁
	最大摄氧量	16～17岁	14～15岁
	心脏质量	18～19岁	15～16岁

续 表

指标类别		年龄阶段	
		男	女
身体素质	力量	12～16 岁	11～15 岁
	速度	8～13 岁	9～12 岁
	耐力	有氧耐力 10～13 岁、16～17 岁 无氧耐力 16～20 岁	有氧耐力 9～12 岁 无氧耐力 9～13 岁
	柔韧	5～12 岁	5～12 岁
	灵敏	6～13 岁	6～13 岁

再次,体能可消退。体能训练所产生的适应性变化并不是一劳永逸的,而是随着负荷的停止会逐渐消退,消退的速度往往与获得的速度成正比。我们常可以看到运动员在退役以后,他的身体形态和身体机能都与在役时不可同日而语。有人做过实验,一组队员训练 20 周,每天练,力量增大 100%后完全不训练,这种训练获得的效果在 40 周后完全消失;另一组训练 45 周,每周训练一次,力量增大 70%,在停止训练 70 周后,已获得的力量训练效果尚未完全消失。可见已经获得增长的体能在停止负荷或较小负荷下都会消退。这实际上对体能训练提出了要求,即体能训练必须全年不断进行,才会有预期的效果。

3.体能内部因子的整体性与局部性

人体是一个有机的整体,是一个完整的系统。在运动实践中,力量、速度、耐力、柔韧和灵敏等身体素质在人体活动和运动中并不是孤立存在和发展的,它们彼此之间是相互影响、相互促进与相互制约、紧密相连的。表现的形式主要是综合性和转移性。

综合性是指在从事体育活动中,很少有一种活动形式只要求一种身体素质参与工作,一般都是两种或两种以上的身体素质综合发挥作用。

转移性是指在发展身体素质的过程中,素质之间存在着转移性特点。素质间的转移是指发展某一种素质的同时,会对同类素质或其他素质的发展产生某种影响(见图 1.1)。

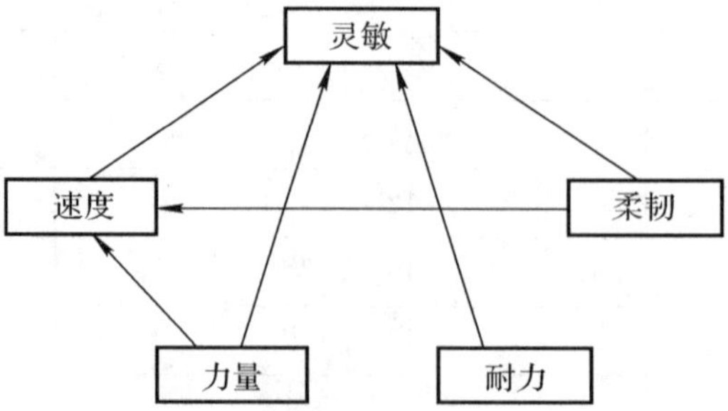

图 1.1　体能各因子相互迁移

用分类学的观点看待各项身体素质间的转移,其转移的形式是不同的:从素质转移产生的效果,可分为良性转移和不良转移;从素质间的关系,可分为同类转移和异类转移;从转移的方式,又可分为直接转移和间接转移(见图 1.2)。

良性转移是指当一种素质得到发展时，会引起另一种素质的相应提高，或在同一种素质中，从一种表现形式的发展转移为另一种形式，而其自身也得到良好的发展。例如，当人体某一部分肌肉动力性力量增加时，会引起这一部分肌肉动作速度的相应提高。又如，动作速度的加快，能引起人体位移速度的提高。

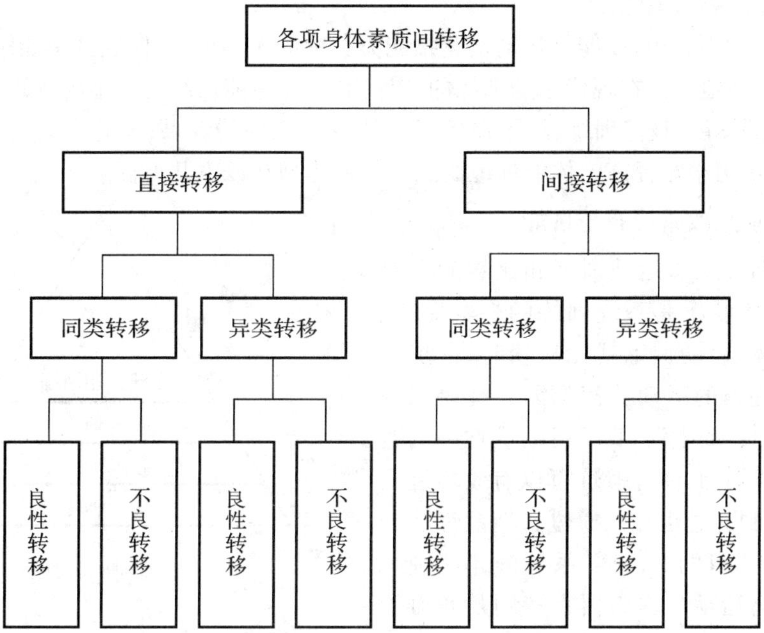

图 1.2　各项身体素质转移分类

不良转移是指当一种素质得到发展时，会引起另一种素质的相应下降，或在同一种素质中某一种表现形式的转移，耐力和速度素质之间的转移，力量和速度素质之间的转移等。一般来说，异类转移的良好效果在素质水平较低的情况下作用比较明显，但素质水平到了比较高的程度，这种转移的效果就明显降低。

直接转移是指一种素质的发展会直接引起另一种素质的改变，或在同一种素质中产生直接的变化。例如，腿部伸肌动力性力量水平的提高，会直接使跑速或跳跃速率有效地得到提高。

间接转移是指一种身体素质的改变，不能直接促使另一些素质的提高，只是为它们提供了变化的先决条件，或在同一种素质中起间接的作用。例如，用静力方式发展的腿部力量，虽然不可能直接引起跑速的提高，但静力性力量训练能有效地提高肌肉的最大力量，并可以逐步转化为动力性力量，进而导致跑速的提高。间接转移要取得明显的效果所经历时间比较长。

产生素质间转移的原因主要有三方面：其一，人体各器官系统是相互协同、相互联系、相互促进和相互制约的。运动员在运动中表现出来的某种素质又不是单单依靠某一个器官和系统，而是在中枢神经系统的统一支配下，各器官系统机能综合作用的结果。其二，运动动作结构和机体肌肉工作特征的相似程度越大，素质间良性转移的可能性也就越大。其三，能量供应来源的同一性，素质提高的一个主要原因是通过训练使有机体能量供应的状态得到改善。

二、体能训练的意义

前面着重讨论了体能的概念，什么是体能训练？体能训练就是指发展运动员体能的训练，也就是运用科学的运动负荷刺激等手段，促使运动员的身体形态和机能产生适应性变化，以提高机体适应运动需要的能力训练。

在不同的运动项目中，体能对运动员竞技能力贡献的大小不同，但这并不能影响体能训练在运动训练中的基础地位。在现代运动训练的几项内容中，体能训练是其他各项训练的基础（见图1.3），没有良好的体能，技能训练、战术训练不可能取得良好的效果；没有高效的、坚实的体能训练，运动员竞技能力很难提高。体能训练的意义主要体现在以下几方面：

（一）增进健康、改善形态与机能

健康是运动员从事运动训练和比赛的必要条件，良好的健康状况是系统训练的根本保证。没有健康的身体，运动训练就无从谈起，在现实生活中有很多优秀的运动员都是因为健康问题而终止了自己的运动生涯，我国运动员这一问题尤为突出。众所周知，体育锻炼可以有效增进我们的健康水平，肥胖者也可以通过长期锻炼达到减肥、优化体型的目的。同样，系统的体能训练能够有效地提高运动员内脏器官特别是心血管系统、呼吸系统的机能，增强骨骼、肌肉、肌腱和韧带等运动器官的功能，去除体内多余的脂肪，并使中枢神经系统的机能得到明显改善；同时，对于克服人体生物惰性、促进新陈代谢都具有极为重要的作用。事实证明，体能训练能够有效地提高机体对外界环境的适应能力和对疾病的抵抗能力，从而有效地促进运动员的身体健康。

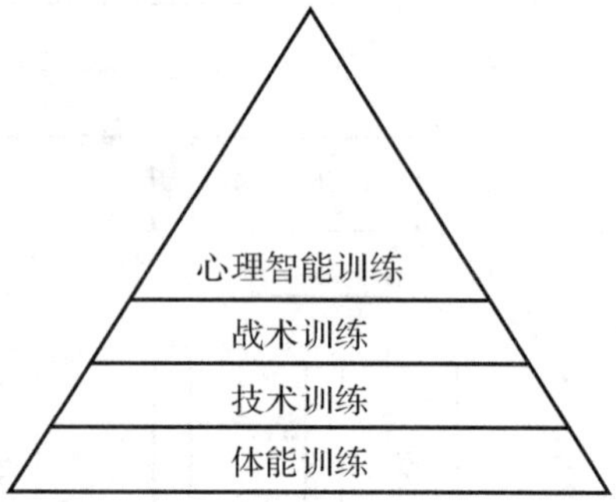

图 1.3 运动训练内容的层次结构

（二）不断提高身体素质

现代竞技体育的运动水平不断提高，各个运动项目的世界记录不断被刷新，可以想象运动员如果没有良好的身体素质，就不可能打破这些纪录。要充分发挥人体运动能力的潜力，在赛场上创造优异的运动成绩，就必须最大限度地发展和提高力量、速度、耐力、柔韧、灵敏和协调能力等身体素质，体能训练正是实现这一目标的主要途径。系统的体能训练能够有效地发展运动员的力量水平，提高速度和耐力素质，并使运动专项所需的柔韧性得到良好的发展，获得更好的灵敏素质和协调能力，使专项运动素质得到最大限度的提高，一般身体素质得到协调一致的发展，为最大限度地创造优异的运动成绩打下坚实的基础。

（三）确保机体适应大负荷训练和比赛的需要

现代竞技运动竞赛频繁，竞争激烈，运动员只有通过大负荷的运动训练，长期对有机体进行生物学改造，掌握娴熟的专项技术和战术，才能在重大国际比赛中创造优异成绩，夺取胜利。从第一届奥运会到现在，运动训练已经经过了自然发展阶段、新技术广泛运用阶段、大运动量阶段和多学科综合运用（即科学训练）阶段。科学训练的一个重要内容就是广泛运用现代科技成果与运动训练，科学系统地监测训练过程，并在此基础上保证大负荷训练。而大负荷训练要求运动员必须具有强健的体魄、良好的身体机能和心理适应能力。科学的体能训练能够为此打下坚实的基础，并使运动员在不断加大负荷的情况下，承担训练和比赛。

(四)有利于掌握复杂、先进的技术和战术

体能训练实际上是使运动员有机体各器官系统功能协调发展，具有完备的从事专项竞技运动能力的过程。不同的运动项目对有机体运动适应能力的要求是不同的。例如，短跑项目要求运动员必须具备突出的爆发力，良好的反应速度，快速移动的速度和专项柔韧性，以及高度的、对快速运动的协调能力；举重则要求最大限度地发展运动员的力量水平和专项动作速度，并对专项耐力、专项柔韧性和协调性有很高的要求；体操、武术、拳击和球类等运动，则对各项身体运动能力都有很高的要求，并且有些技术动作本身就是运动素质的综合表现。只有在充分发展各项身体能力的基础上，才能很好地掌握复杂、先进的技术。而体能训练正是实现这一目的的基本保证，只有通过体能训练，才能为运动员提供掌握复杂、先进的技术和战术的基础。

(五)创造优异成绩，延长运动寿命

竞技能力是取得优异运动成绩的主导因素，它是由体能、技能(包括技术和战术)、心理和智力等多个因素共同决定的。其中体能是其他几个要素的基础，因此可以说体能是竞技能力的物质基础。没有体能，技能就会成为无源之水，心理能力则成为无的之矢，竞技能力也就无从谈起。竞技运动的实践已经证明，出类拔萃的运动成绩是建立在雄厚的体能发展水平上的，体能的发展水平又取决于超强的心理能力、最大限度的身体形态专项化改变和生理机能水平的高度发展。体能训练对身体形态改变得越深刻，有机体机能发展水平越高，其衰退速度也就越慢，保持的时间也就越长。体能训练水平越高，运动员专项技术、战术发挥和保持的时间也会更长，运动水平衰退的速度也就更慢，运动员也就能更长久地保持高水平的竞技能力。表 1.3 充分说明了体能水平与专项运动成绩以及保持和延长运动寿命的关系。

表 1.3 著名运动员体能水平、专项成绩和保持高水平的年龄

姓 名	运动项目	专项水平	体能指标	创造与保持优异成绩的年龄
欧文斯(美)	田径	第 11 届奥运会 4 枚金牌得主，曾在 45min 内创 5 项、平 1 项世界记录	大学篮球队队长，棒球队队员，中学时期跳高成绩就达到 1.90m	22
刘易斯(美)	田径	第 23～26 届奥运会 9 枚金牌得主，曾创造跳远，100m，4×100m 接力世界纪录	具有非凡的一般体能训练水平	21～35
张伯伦(美)	篮球	4 次被评为美国最佳篮球运动员，连续 7 年获 NBA 最佳投篮手，1962 年全年每场平均得分 50.4 分，并在一场比赛中一人独得 100 分，1971 年投篮命中率为 72.7%，创世界最高纪录	身高 2.16m，100m：10"9，400m：47"，跳高：2.02m	22～38

续表

姓　名	运动项目	专项水平	体能指标	创造与保持优异成绩的年龄
阿列克谢耶夫（苏联）	举重	第20～21届奥运会重量级举重冠军，先后82次打破推举、抓举、挺举和总成绩世界纪录	苏联国家青年排球队候补队员，100m:11"，跳高:1.90m	23～36
瓦尔达尼扬（苏联）	举重	第22届奥运会和1984年友谊运动会金牌得主，曾先后36次打破75,82.5和90kg级抓举、挺举、总成绩世界纪录	立定跳远:3.30m，跳高:2.10m，30m起跑超过国家短跑队选手	21～32

三、体能训练的主要内容

体能训练是现代运动训练的有机组成部分，也是运动训练中最为基础的部分。从体能的构成结构来看，体能训练包括对身体形态结构的改善、对生理机能的提高以及身体素质训练等几方面的内容，具体的内容如图 1.4 所示。

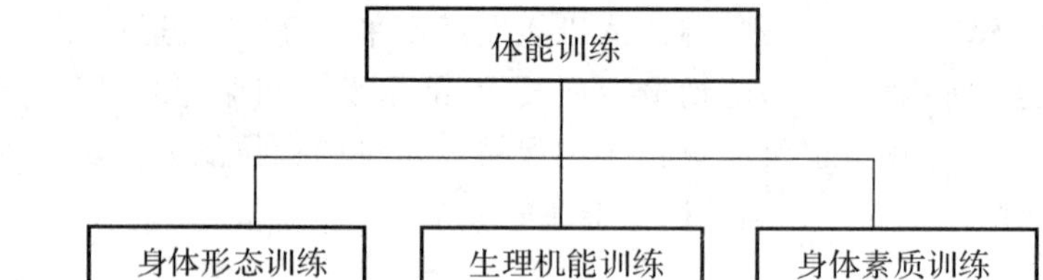

图 1.4　体能训练的内容

但这并不等于说在体能训练实践中要把这几个方面的内容进行单独训练，事实上这也是不可能的，因为人体是一个有机整体，体能的各组成部分也是相互影响、相互制约、不可分离的。身体素质是机体神经系统的调节机能、身体形态结构、生理机能、能量物质储备和代谢以及各种化学酶活性的集中表现，所以，在体能训练中，常常以发展运动员身体素质的练习为主要训练内容。在具体的操作中体能训练的基本内容是充分发展与运动员专项运动成绩密切相关的力量、速度、耐力、柔韧、灵敏等运动素质，达到深刻影响和促进运动员身体形态和机能的改善，提高运动员的健康水平，为专项运动成绩和技术水平的不断发展奠定良好的基础。

在训练的实践中，我们又把体能训练分为一般体能训练和专项体能训练，二者主要的区别如表 1.4 所示。

表 1.4 一般体能训练与专项体能训练的区别

	一般体能训练	专项体能训练
任务	(1)提高各器官系统机能，增进身体健康； (2)全面发展运动素质； (3)改善身体形态； (4)掌握非专项的运动技术、技能和知识； (5)为提高运动技术水平创造一定条件	(1)提高与专项运动有关的器官系统机能； (2)最大限度地发展专项运动素质； (3)塑造专项运动所需的体型； (4)精确掌握与专项运动技术、战术有关的知识和技能； (5)促进专项运动成绩和技术水平的提高
内容	多种多样的对全面发展运动素质、身体机能有益的身体练习手段，如球类、体操、举重、游戏等	直接发展专项运动素质的练习，以及在动作特点上与专项动作结构相似的练习，或有紧密联系的专门性练习
作用	为专项运动素质的全面发展和专项成绩的提高打好基础	直接提高专项运动素质，促使运动员创造优异的专项运动成绩

一般体能训练是指运用多种非专项的体能练习手段所进行的旨在增进运动员的身体健康，提高各器官系统机能，全面发展运动素质，改善身体形态，掌握非专项的运动技术、技能和知识，为专项成绩提高打好基础的训练。

专项体能训练是指采用直接提高专项运动素质的练习，以及与专项运动有紧密联系的专门性体能练习，最大限度地发展与专项成绩有直接关系的专项运动素质，以保证掌握专项技术和战术并使其在比赛中顺利、有效地运用，从而创造优异成绩的训练。由于运动项目的多样化，专项体能训练的内容与方式有很大不同。

一般体能训练与专项体能训练的主要联系在于：一般体能训练是专项体能训练的基础，一般体能训练为专项运动素质的提高创造必要的条件；专项体能训练则是提高专项运动成绩的特殊需要，并直接为创造优异的专项运动成绩服务。随着专项水平的不断提高，一般体能训练所提供的基础及专项体能训练的要求也要随之改变，以适应专项水平提高后的要求。一般体能训练和专项体能训练总的目标是一致的，有时在训练实践中往往难以截然分开。

四、影响体能发挥的外部因素

(一)健康状况对体能的影响

健康并不仅仅指人体有病无病，它是一种状态。有时，运动员身体并没有病，但由于长期大运动量的训练、过度频繁的比赛导致疲劳积累，或长期精神压力过大，都会使他们处于一种亚健康状态。这种健康状态显然是不利于运动员体能水平的发挥。健康状态对体能的影响表现在：第一，不佳的健康状态可直接导致人体器官系统的生理机能下降；第二，不佳的健康状态更容易使大脑产生保护性抑制；第三，长期的亚健康状态可导致人体器官系统的形态结构发生病变。在训练和比赛中，教练员经常会遇到这种情况，在相似的训练负荷或比赛条件中，当运动员身体健康状态好的时候与健康状态不佳的时候对机体的刺激大不相同。在球类运动较为漫长的联赛过程中，由于长期的比赛疲劳积累导致运动员身体健康状况下降而直接影响比赛中体能发挥的例子也屡见不鲜。另外运动伤病也常常是困扰一些老队员体能表现的主要因素之一。

(二)技能对体能的影响

一般认为，运动员良好的体能是技能发挥的重要基础和保障。事实上，在比赛中运动员的技能对其体能表现也是有重要影响的，体能与技能的关系是相辅相成的。在比赛中，运动员的技能对体能表现的影响主要体现在两个方面：第一，良好的技能有利于运动员体能的充分发挥；第二，良好的技能有助于运动员体能的节省化。衡量运动员技能的标准主要有两个：一是合理性；二是经济性。合理性就是指技术符合人体解剖学结构特点、生物力学原理和机能活动规律。经济性，简单地说，就是消耗最小的能量达到相同的运动效果。经济性与合理性是分不开的，技术动作只有具备了合理性才会有经济性。娴熟合理的技术有助于节省体能是因为，熟练的技术是建立在大脑皮层兴奋分化和牢固的自动化基础上的，它可以有效地减少因兴奋泛化而带来的多余动作。熟练的技术是大脑精确支配肌肉收缩的结果，它使主动肌群、协同肌群和对抗肌群在运动时更加协调，使人体以精确的力量和速度按照一定的次序和时间去完成所需要的动作，有效地减少了不必要的能量消耗，提高了能量的利用率。另外，良好的技术、战术能力还有助于运动员控制比赛的节奏，使比赛尽量按照自己的节奏进行，这不仅有利于自己体能的发挥，同时也避免了无谓的跑动，节省体能。

(三)心理因素对体能的影响

心理因素分智力因素和非智力因素两大类，智力因素主要包括认知能力、思维能力、想象力等，非智力因素包括兴趣、动机、情绪、情感、气质、性格、焦虑等。在训练或比赛中，运动员对自己体能状态的感知能力和操作思维能力等智力因素对体能的发挥具有直接的影响。在现代激烈的竞技体育运动中，运动员常常要在落后的情况下，在逆境中进行艰苦的比赛，此时运动员良好的心理状态和自我调节能力往往成为夺取胜利的关键因素。良好的心理状态和较强的自我心理调节能力有助于最大限度地激发运动员的生理潜能，完成比赛任务；而不良的心理状态或自我心理调节能力差，常常导致思想包袱过重，心理压力过大，比赛过度紧张，从而使身体产生抑制，不利于体能的发挥。运动员在训练比赛中，在消耗巨大生理能量的同时，也必须付出巨大的心理能量，在承受生理负荷的同时，也在承受着心理负荷。那些意志力顽强的运动员在比赛中更容易战胜疲劳，而那些意志力较差的运动员，往往会提早产生疲劳而无力坚持下去。

(四)生物节律对体能的影响

在长期的生活工作习惯中，人们的生理功能和注意力随自然界昼夜时刻的变化，按一定的时间顺序发生有节奏的变化。图 1.5 表示一昼夜生理功能的变化，它基本反映了我国大城市一般人的生活规律。从图中可以看出，工作能力在白天有两个最高阶段，而午夜后至清晨 3 时进入最低阶段，其他生理功能也发生相应的变化。苏联学者瓦西里耶夫研究发现，睡眠和值夜班后，力量比白天降低约 20%～30%。

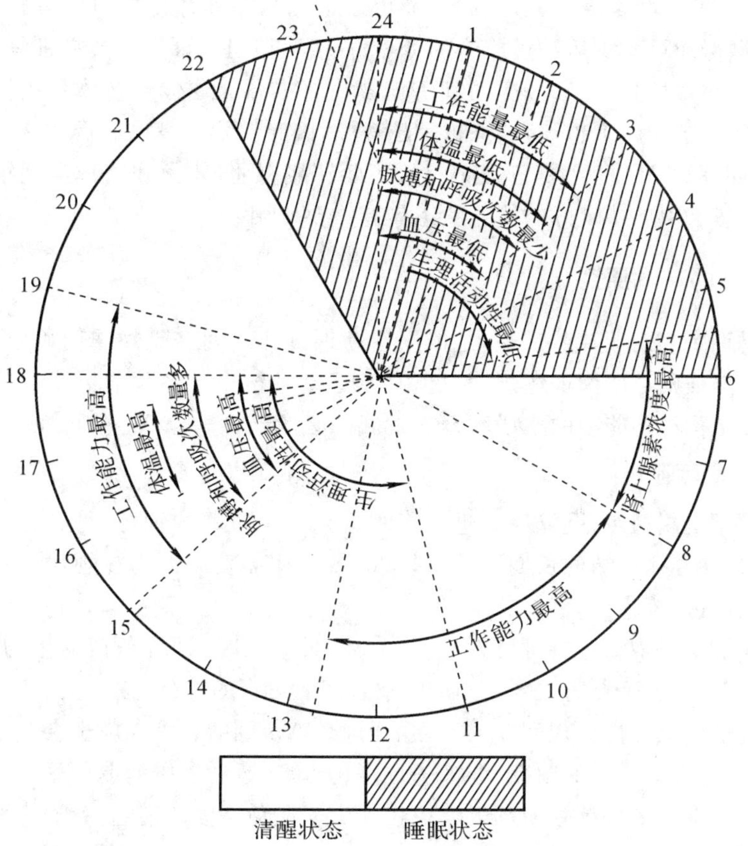

图 1.5　一昼夜生理功能变化图

人刚睡醒时，感觉身体松弛，甚至不能握紧拳头。随着醒后时间的增加，体能也逐渐增强，经过 3～5h 后达到最高水平。中午进餐和休息后又有下降，下午 15 时以后，体能水平出现第二次高峰。人体有很强的适应性和可塑性。如果训练的作息时间变化，经过一段时间后，体能也会表现为另一种变化曲线。所以，在体能训练中要注意检查和培养运动员对生物节律变化的适应能力。在世界大型比赛中，优秀运动员的比赛往往安排在晚上 19～21 时，对训练有素的运动员来说，这不仅对他们没有什么障碍，反而会成为良性刺激，有利于创造优异成绩。

(五)比赛环境对体能的影响

比赛环境主要包括比赛的自然环境、比赛的场地设施环境和比赛的人文环境等几个方面。比赛的自然环境包括比赛所在地的气候条件和海拔高度等方面，如温度、湿度、天气、平原、高原等。比赛的场地设施环境包括比赛的场地和设施两个方面，如足球场的草皮、篮球馆的地板、田径场的跑道、体操馆的设备等。比赛的人文环境包括比赛的制度安排、比赛文化的氛围、比赛观众以及裁判等。如果运动员不能很好地调节由此带来的心理压力，也往往会适得其反，影响体能的发挥。

(六)保障手段对体能的影响

保障手段包括训练比赛中的保障手段和日常保障手段。保障手段可为运动员体能的发挥创造一个最佳条件。如搏击类比赛护具可使运动员放下心理负担,放手一搏;饮食保障可使运动员得到训练比赛所需的科学营养补充;起居保障可使运动员在训练比赛前后得到一个较好的休息环境;较好的交通保障可减少运动员旅途的劳累;恢复手段可保证运动员在训练比赛后机体得到积极的恢复,甚至超量恢复,为下一次的训练比赛做好准备。现代竞技体育比赛水平越来越高,比赛密度越来越大,赛季越来越长,训练越来越残酷,因此保障手段也显得越来越重要。如足球、篮球等运动项目的职业联赛赛季长达几个月,还要转战南北,体力和精神消耗很大,完善的保障手段对运动员在赛季中保持良好的体能状态具有重要作用。

五、体能训练的基本原则

训练原则是训练客观规律的反映,是依据运动训练活动的客观规律而确定的组织运动训练所必须遵循的基本准则。所谓训练规律也就是指运动系统内部各构成因素之间,以及它们与外部诸因素之间在结构与功能上的本质联系和发展的必然趋势。

(一)系统训练原则

系统训练原则是指持续地、循序渐进地组织运动训练过程的训练原则。从开始训练到创造优异成绩,直至运动寿命终结的长期过程中,都应依据体能发展的内在规律,做出相应的合理规划,持续不断地进行训练。

系统的持续训练是取得理想训练效应的必要条件,人体对训练负荷的生物适应必须通过有机体自身的各个系统、各个器官、各部分肌肉乃至每个细胞的变化,逐步去实现。但是当训练的系统性和连续性遭到破坏而出现间断或停顿的时候,已得到的训练效应也会消退以至完全丧失。比如力量、速度及耐力等素质的改变,训练一旦停止,这些运动素质消退得很快,特别是通过强化的力量训练手段所取得的训练效应消退得更快。为了避免体能的消退,克服训练效果的消退,必须在训练效应产生并保持一定时间的基础上重复给予负荷。

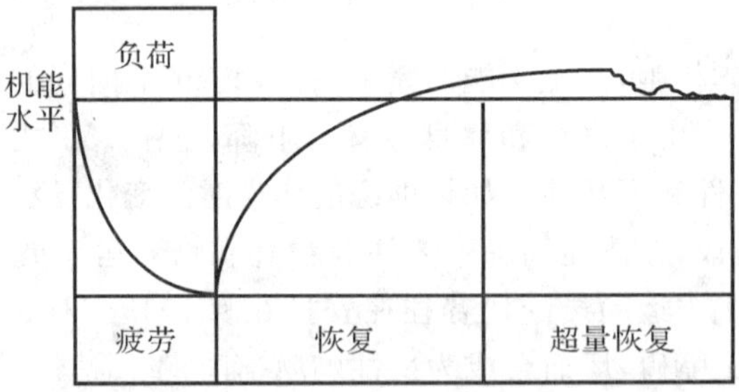

图 1.6　机体负荷的应激反应(依雅可夫列夫,1957 年)

人体在训练负荷下的生物适应过程,不仅是长期的,同时也是有阶段的。机体对一次适宜训练负荷的反应,可分为工作、疲劳、恢复、超量恢复和训练效应消失等几个阶段(见图 1.6)。在更长一段时间的跨度内,如几个月至一年的训练过程中,运动员机体能力的变化同样经历着不同的阶段,这就是竞技状态的形成、保持和消失三个阶段。为了在重要比赛中创造优异的成绩,运动员总是力求通过科学的训练与安排,使自己在心理上和生理上做好充分的准备,在比赛中最大限度地动员机体的潜力,把自己在训练中获得的竞技能力充分地发挥出来,创造优异的成绩。科学制订训练计划,是保证训练的连续性、取得理想训练效果不可缺少的重要因素。

系统性原则是依据训练适应的产生、发展与消退规律以及体能发展的连续性和阶段性等属性提出来的。在训练实践中贯彻这一原则应做到对整个训练过程的体能训练不仅要系统规划，针对多年训练不同发展阶段的体能训练，从内容、比例、手段、负荷等方面也应做出系统安排，尤其是在青少年时期以及达到高水平以后，更应该周密考虑。人的生长发育在不同年龄阶段具有不均衡性，青少年身体素质的发展具有敏感期。在此阶段应抓住有利时机，采取相应内容的体能训练，对处于敏感期的素质优先发展，充分挖掘其潜力，为高水平阶段打下基础。在达到高水平以后，运动员的身体形态和机能改造已达到相当的水平，各项身体能力处于一个相对稳定的状态，但这并不一定就是一个完全理想的状态，这时候的体能训练应该在准确体能诊断的基础上，有计划、有针对性地系统安排训练负荷，探索进一步发展的可能性。

(二)适宜负荷原则

适宜负荷原则是指根据运动员的现实可能和人体机能的训练适应规律，以及提高运动员体能能力的需要，在训练中给予相应量度的负荷，以取得理想训练效果的训练原则。

适宜运动负荷原则是根据机体对运动负荷适应的专门性、有效性和劣变性以及人体在运动时物质、能量的消耗与恢复等规律提出来的。人体器官组织对负荷应激所产生的适应具有明显专门性的特点。例如做负荷深蹲的力量练习时，只会影响腿部伸肌肌群的力量，而对于腿部屈肌肌群及其他肌群的影响却很小。同样，不同的负荷组合对人体供能系统的影响也存在专门性特点。时间短、强度大的运动主要对无氧供能系统产生效应，而对有氧供能的影响则很小。因此，发展专项素质首先必须提高专项所需要的特殊生理机能，为达到专项训练目的，练习中应考虑到训练方式的专门性特征，所选用、设计的练习从动作结构、参与运动的肌群以及能量供给特征等方面，必须尽可能与专项素质相吻合，才能达到训练效果。

人体对负荷的适应还有一个有效的范围，过小的负荷刺激达不到良好的训练适应，过大的负荷会导致机体适应的劣变。机体对适宜的负荷产生适应，但如果负荷过小，不能引起机体必要的应激反应；而在过度负荷作用下则会出现劣变反应(见图 1.7)。

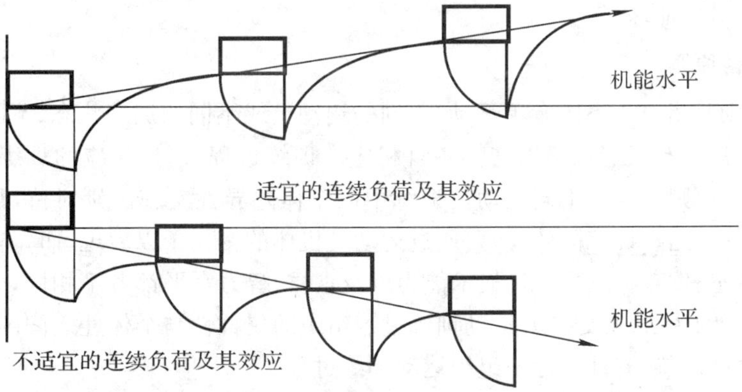

图 1.7　连续负荷及其效应(依雅可夫列夫，1957 年)

因此，在体能训练中必须根据训练任务和对象水平，科学地规划训练负荷，做到逐步并且有节奏地按照人体机能适应规律加大运动负荷，直至最大限度地适应。按照“加大—适应—再加大—再适应”的增量方式，合理地逐步加大训练量和训练强度，有效地促进机体形态发展和机能改善，提高运动水平。在训练过程中，既要遵循超负荷原则，又要注意防止过度训练引起机体的劣变反应。要根据训练对象的实际水平，有节奏地增加运动负荷，逐步提高，妥善处理负荷量与负荷强度、负荷与恢复的关系，使每次训练在机能得到“超量恢复”的提高阶段进行。还要按照各项素质的特点来合理安排负荷，如速度力量性训练的特点是强度大、数量少；耐力性训练的特点是数量多、强度小等。

(三)全面与结合专项训练原则

全面训练原则是指在体能训练的过程中，应全面地安排和发展运动员的各项身体能力，特别是在儿童和青少年时期，应全面发展运动素质，提高一般身体机能水平，以促进专项运动成绩的全面提高。全面性原则的主要依据是：第一，人体是一个各器官系统组成的相互依赖、相互制约的整体，与此相对应，体能的三个组成部分也是相互影响、相互制约的，体能训练所追求的各种适应性变化也自然是相互依存的。因此在体能训练中必须运用正确的、全面的训练方法，使发展技术与战术所要求的所有身体形态、机能与心理能力得到全面发展。第二，作为体能集中表现的力量、速度、耐力、柔韧、灵敏等各项运动素质也是相互影响、相互制约的，而广泛的、全面发展的运动素质是运动员达到高水平专项运动水平的基本前提和基础，因此在早期训练阶段，必须全面提高运动素质。

结合专项训练原则是指在一般训练的基础上，体能训练必须根据各运动项目的技术、战术和专项能力特点充分发展专项所需要的运动素质，以促进运动员直接创造优异运动成绩。其主要依据是：首先，体能训练的作用最终要体现在创造优异运动成绩这一终极目标上，因此体能训练不能偏离运动专项。其次，技术、战术练习是专项训练的重要内容之一，体能训练只有与专项技术、战术训练有机地结合，才能真正达到体能训练的目的，加快体能训练的进程，实现在体能训练中完善和检验技术、战术，在技术与战术训练中巩固体能。结合专项的体能训练有助于使运动员在身体形态以及机能方面对该项目的特殊要求产生适应。为此，在训练中要根据运动项目的特点和运动员的实际情况，科学地确定体能训练与专项训练的比例；体能训练的内容与手段也必须突出重点，紧密结合运动专项需要；要确定和充分发展与专项运动密切相关的最重要的运动素质和机能，做到有针对性地练习。

(四)区别对待原则

区别对待原则是指对于不同专项运动、不同的运动员或不同的训练状态、不同的训练任务及不同的训练条件，都应有区别地组织安排各自相应的训练过程，选择相应的训练内容，给予相应的训练负荷的训练原则。针对不同运动员训练中的个体差异性实施区别对待，是运动训练应遵循的重要原则之一。运动训练的效应，要通过运动员机体的变化予以表现，而每一名运动员的心理和生理状况、形态、发育特点，技术、战术能力以及素质、智力水平都各不相同，要想使训练工作取得理想的效果，就必须认真处理好运动训练过程组织的集群性与个体性之间的关系，考虑运动员的个人特点，区别对待，有针对性地组织运动训练过程。

不同专项运动员的体能特点受多种因素的影响，但平时专项性训练是决定性因素。在心理、形态等方面，不同的运动项目也有着不同的要求。因此在选择训练内容和手段时，就必须注意到不同项目专项竞技的不同需要，有计划地实施区别对待。另外，不同项目运动员个人特点表现出的多样性，运动员的个人特点，包括性别、生物年龄与训练年龄、竞技水平、生理和心理特点、身体状况、情绪等，这些方面都对训练的安排提出了不同的要求。即便是同一名运动员，训练状态在不同阶段、不同时刻的表现，不同训练环境和训练条件也都对训练的内容和组织实施提出了不同的要求。因此,训练中一定要做到全面了解、掌握和分析训练对象的具体情况,制订出符合个人特点的训练计划,根据不同专项所需要的身体素质和不同训练阶段的任务、要求,有区别地安排训练。

(五)适时恢复原则

适时恢复原则是指在训练结束后及时消除运动员在训练中所产生的疲劳,并通过生物适应过程产生超量恢复、提高机体能力的训练原则。在运动员疲劳达到一定程度时,应依照训练的统一计划,适时安排必要的恢复性训练,采取有效的恢复措施,使运动员的机体迅速得到充分的恢复和提高。

人体机能能力和能量储备由负荷后暂时下降和减少的状态回复到负荷前水平的过程,称为恢复。在恢复过程中,能源物质的补偿在一段时间内超过原有水平,这种现象叫做超量恢复。超量恢复持续一段时间后再降回到原有水平,即完成了一次训练负荷后恢复的全过程。在一定范围内,运动负荷越大,消耗越剧烈,恢复过程就越长,超量恢复也越明显。正是由于运动训练能引起超量恢复效应,使得运动员竞技能力的提高成为可能并为之奠定了物质基础。所以,运动训练中的恢复,并不是满足于达到先前水平的恢复,而是要追求超量恢复。训练中掌握好关键性的时机是非常重要的。练到什么时候该“休息”,疲劳到什么时候该“调整”,必须准确地予以把握,才能保证训练的成功。训练疲劳对机体的刺激若达不到必要的程度,没练多少就进行调整、恢复,这样就不会取得理想的训练效果。但是该调整时没有调整,负荷过度,则会引起机体某些机能的劣变,可能在心理上、生理上受到严重损伤,制约体能的发展。准确判别疲劳程度,是适时恢复的必要前提。运动员疲劳程度的判别,通常是根据自我感觉和外部观察来进行的,也常常采用一些比较客观的生理和心理测试方法。

第二节　体能训练的基本方法

一、体能训练方法概述

体能训练方法是在进行体能训练的活动过程中,为提高运动员各项体能水平、完成训练任务,为实现竞技目标而采用的有效合理的途径和办法。体能训练所采用的方法是对体能训练过程中各种训练方式和办法的概括,是对各种具体训练方法的集中表述。在运动员体能训练过程中,训练方法是教练员安排训练工作、完成训练任务、提高运动员体能水平所必须掌握的。现代竞技运动发展历史表明,体能训练方法的不断创新和科学运用对推动各项竞技运动整体发展水平的作用是十分巨大的。一种科学训练方法的诞生既是科学训练原理的具体体现,也是科学训练实践的高度总结。因此,正确地认识和掌握不同训练方法的功能和特点,有助于顺利地完成体能训练乃至整个运动训练过程不同时期的训练任务;有助于有效地控制各种竞技能力的发展进程;有助于科学地提高不同项目运动员的整体竞技能力。

构成体能训练方法的主要因素是练习动作及其组合方式、运动负荷及其变化方式、过程安排及其变化方式、信息媒体及其传递方式、外部条件及其变化方式等要素。其中,练习动作及其组合方式主要是指运动员为完成具体训练任务而进行的身体练习以及各个练习之间的固定或变异组合方式。运动负荷及其变化方式主要是指各种身体练习时对有机体所施加的刺激及其在强度、量度以及负荷性质方面的变化形式。过程安排及其变化方式主要是指对训练过程的时间、人员的组织、器材的分布、内容的选择、练习的步骤等因素的安排及其变化形式。信息媒体及其传递方式主要是指教练员指导训练工作时，所采用的诸如语言、挂图、影视等信息手段和诸如讲解、图示、观摩等信息传递方式。外部条件及其变化方式主要是指训练气氛、训练场地、训练设备、训练器材、训练工具等因素的影响及其变化方式。体能训练中的许多方法正是由这五种因素所组成的。这些因素的不同组合及其变化，可以形成具有不同功能的多种训练方法。

二、体能训练常用的方法

体能训练的方法是多种多样的，在体能训练中最为常用的一般性训练方法有重复、间歇、持续、循环、变换等训练方法。

(一)重复训练法

重复训练法是在不改变动作结构和运动负荷的条件下，按照既定的要求反复进行练习，每次(组)练习之间的间歇时间能使机体基本恢复的练习方法。使用重复训练法的目的是发展各种身体素质，提高身体训练水平，改进与提高运动技术与战术，培养运动员顽强、坚韧不拔的意志品质。构成重复训练法的主要因素有单次(组)练习的负荷量、负荷强度及每两次(组)练习之间的休息时间。因此，运用此法时应根据训练任务、项目特点和运动员的具体情况，确定重复练习的距离、时间、次数、负荷强度和间歇时间。在具体实施重复训练法的过程中要满足以下基本要求：每次练习的动作结构、要求和负荷不变；每次练习的负荷强度较大，达到运动员所能承担的最大强度的 90%～100%，即接近或达到比赛的强度；每次练习后的休息时间不固定，休息的方式通常采用静止、肌肉按摩或散步，以机体得到充分休息、达到基本恢复为准(一般应恢复到心率 110 次/min 以下)。

(二)间歇训练法

间歇训练法是在一次(组)练习之后，按严格规定的间歇时间休息，在运动员机体尚未完全恢复时立即进行下一次(组)练习的方法。在使用该训练方法时要注意以下几点：第一，负荷与休息交替进行，严格规定休息时间，在机体未完全恢复(心率为 120～140 次/min)时即进行第二次(组)练习；第二，每次练习时间不宜过长，强度根据训练要求，可达到或超过比赛强度，也可为小强度，一般负荷时心率应达 160～180 次/min，最大时为 200 次/min 以上；第三，采用积极性休息，如走、慢跑等。间歇训练法最大的特点是训练强度比较大，按强度大小可以将间歇训练法分为小强度间歇训练法和大强度间歇训练法。小强度间歇训练法亦称非强化间歇训练法；负荷强度在周期性项目中一般为本人最大强度的 60%～80%，在非周期性项目中为50%～60%，负荷时间为 45～90s，目的是提高机体的无氧和有氧混合代谢能力，发展专项耐力。大强度间歇训练法亦称强化间歇训练法，负荷强度在周期性项目中一般为本人最大强度的 80%～90%，在非周期性项目中为 80%，每次负荷时间为 15～60s，目的是提高机体的无氧代谢能力，发展速度和速度耐力。

间歇训练法是在运动员机体未恢复时，就进行下一次练习，以增大运动负荷。对提高呼吸和心血管系统的机能，发展速度和速度耐力等有显著作用。在具体的实施过程中通过严格的间歇训练过程，可使运动员的心脏功能得到明显的增强；通过调节运动负荷的强度，可使机体各机能产生与有关运动项目相匹配的适应性变化；通过不同类型的间歇训练，可使糖酵解代谢供能能力或磷酸盐与糖酵解混合代谢的供能能力或糖酵解与有氧代谢混合供能能力或有氧代谢供能能力得以有效地发展和提高；通过严格控制间歇时间，有利于运动员在激烈对抗和复杂困难的比赛环境中稳定、巩固技术动作;通过较高负荷心率的刺激,可使机体抗乳酸能力得到提高,以确保运动员在保持较高强度的情况下具有持续运动的能力。

(三)持续训练法

持续训练法是指负荷强度较低,负荷时间较长,无间断地连续进行练习的训练方法。使用该方法练习时,平均心率应在130～170次/min之间。持续训练主要用于发展一般耐力素质,并有助于完善负荷强度不高但过程细腻的技术动作,可使机体运动机能在较长时间的负荷刺激下产生稳定的适应,内脏器官产生良性适应变化;可有效提高有氧代谢系统供能能力以及在该供能状态下有氧运动的强度;可为进一步提高无氧代谢能力及无氧工作强度奠定坚实的基础。持续训练法最突出的特点是训练时间较长,总的训练量大。根据训练时持续时间的长短,可以把持续训练法分为三种基本类型,即短时间持续训练法、中时间持续训练法和长时间持续训练法。在具体实施该训练方法时一定要根据运动员所从事运动项目的特点和运动员的状态选择练习持续时间。"法特莱克跑"就是持续训练法较为典型的形式之一。"法特莱克跑"是20世纪50年代由瑞典人霍迈尔根据当时瑞典的具体条件提出的一种训练方法。这种训练方法一直沿用至今,培养出了许多优秀的长跑运动员。"法特莱克跑"的基本跑法是:运动员最好在森林、草地、公园等柔软地面上训练,先用准备活动的速度跑,然后再将速度提高一点跑,不断变换距离。典型法特莱克跑的模式是:准备活动3 200m;用60%的速度跑1 600m,然后恢复跑800m;用力跑600m,然后是800m的恢复跑;多次短距离冲刺跑,共1 600m,放松跑2 400m;200m的用力跑,1 600m的恢复跑;用比赛速度在跑道上跑2×400m,中间有400m的慢跑;3 200m放松跑。

(四)循环训练法

循环训练法是根据训练的具体任务,建立若干练习站或练习点,运动员按规定顺序、路线,依次循环完成每站所规定的练习内容和要求的训练方法。循环训练法的主要构成包括每站的练习内容、每站的运动负荷、练习站的安排顺序、练习站之间的间歇、每遍循环之间的间歇、练习的站数与循环练习的组数。运用循环训练法是一种综合形式的练习方法,比较生动活泼,训练过程中可以有效地提高不同层次和水平的运动员的训练情绪和积极性;可以合理地增大运动训练过程的练习密度;可以随时根据具体情况因人制宜地加以调整,做到区别对待;可以防止局部负担过重,延缓疲劳的产生,并有利于全面身体训练。

练习时根据各组练习之间的间歇的负荷特征,可以把循环训练法分为循环重复训练、循环间歇训练和循环持续训练等三种方法。其中,循环重复训练方法是指按照重复训练法的要求,对各站之间和各组循环之间的间歇时间不作特殊规定,以使机体得以基本恢复,可全力进行每站或每组循环练习的方法;循环间歇训练方法是指按照间歇训练法的要求,对各站和各组之间的间歇时间作出特殊规定,以使机体在不完全恢复的状态下进行练习的方法;循环持续训练方法是指按照持续训练法的要求,各站和各组之间不安排间歇时间,用较长时间进行连续练习的方法。三种循环训练法的组织形式又包括三类:即流水式、轮换式和分配式。其中,流水式循环训练的做法是建立若干练习站(点)后,运动员按一定的顺序,一站接一站地周而复始地进行单个练习;轮换式循环训练的做法是将运动员分成若干组,各组运动员在同一时间内在各自的练习站中练习,然后按规定要求,依次轮换练习站;分配式循环训练的做法是设立较多的练习站,然后根据运动员的具体情况指定每名运动员在特定的若干练习站内训练。

(五)变换训练法

变换训练法是在练习过程中,有目的地变换运动负荷(时间、负重量、速度)、动作组合,或变换练习环境、条件等情况下进行训练的方法。在周期性项目中主要是变换练习的速度和环境;在非周期性项目中则以变换练习的组合和条件为主。其作用是能避免练习的单调,提高运动员练习的兴趣和积极性,培养多种运动感觉,提高人体对训练和比赛的适应能力。运用时要根据训练的具体任务和运动员存在的主要问题,有目的地进行变换。如变换跑的持续时间、速度和距离,以发展有机体的无氧或有氧代谢能力。

根据训练因素的变换可将变换训练法分为三种,即负荷变换训练法、内容变换训练法和形式变换训练法。其中,负荷变换训练法是一种功能独特的重要训练方法,在实践中,训练负荷的变换主要体现在负荷强度或负荷量的变换上,该方法可通过变换练习动作的负荷强度、练习次数、练习时间、练习质量、间歇时间、间歇方式及练习组数等变量方式,促使运动素质、能量代谢系统的发展与提高,能够满足专项运动的需要。内容变换训练法主要针对运动员的运动专项,训练中练习内容的动作结构可为变异组合,亦可为固定组合,练习的负荷性质符合专项特点,练习内容的变换顺序符合比赛的规律,练习动作的用力程度符合专项的要求。形式变换训练方法是通过变换训练环境、变换训练气氛、变换训练路径、变换训练时间和变换练习形式进行训练。

在实施变换训练法时要根据变换因素,对具体情况加以规定和调整,特别是对少年运动员,应根据具体情况灵活掌握。实践中,此训练法可以使运动员产生新的刺激,激发起较高的训练情绪,进而促使神经系统处于良好的准备状态,产生强烈的表现欲望,可以有效提高训练质量。但由于练习环境和条件的变化,易使运动员注意力分散,须及时地加以引导。

思　考　题

1. 解释体能的概念、体能的主要构成。
2. 体能的主要特性是什么？举例说明。
3. 体能训练有什么意义？体能训练有哪些基本原则？
4. 影响体能发挥的主要外部因素有哪些？
5. 体能训练中常用的方法有哪些？举例说明。

第二章　力量素质训练的基本理论与方法

内容提要

本章主要介绍力量素质的概念，力量训练的意义，力量素质的分类、内容、特点，决定和影响力量大小的主要因素，力量素质训练应遵循的原则，儿童少年进行力量素质训练应该注意的问题，力量素质训练的主要手段与基本方法以及发展不同身体部位力量的技术动作。

学习重点

本章的学习重点包括力量素质的概念、分类，决定和影响力量大小的主要因素，力量素质训练应遵循的原则，力量素质训练的主要手段与基本方法。实践并体会发展不同身体部位力量的技术动作以及各种技术动作的练习要领。

第一节　力量素质训练概述

力量素质是竞技运动中的首要素质。在许多运动项目中力量是取得优异成绩的基础。在运动中，人体必须表现出一定的力量，有时甚至需要竭尽全力。如：优秀跳高运动员起跳时，起跳腿承受的压力最大可达 300～450kg。力量对其他素质的发展也起着重要的作用，并且是掌握技术、实施战术、提高运动成绩的重要基础。总之，一切运动活动都离不开力量，力量是运动员体能训练水平的重要指标之一。

一、力量素质的概念

力量是人体运动技能的一种表现形式，具体定义为：人体神经肌肉系统在工作时克服或对抗阻力的能力。肌肉在工作时克服的阻力包括外部阻力和内部阻力。外部阻力如物体质量、摩擦力以及空气的阻力等。内部阻力是指肌肉的黏滞性、各肌肉间的对抗力等，主要来源于运动器官，如骨酪、肌肉、关节囊、韧带、腱膜、筋膜等组织的阻力。力量由以下三种因素产生：即主动肌的最大收缩力，主动肌和对抗肌、中立肌、支持肌的协同用力，肌肉的牵拉角度以及每个杠杆的阻力臂和力臂的相对长度。

力量来源于肌肉，科学研究已经证明，人体共有 630 多块肌肉，这些肌肉约由1 300万～3 000万根肌纤维组成，每根肌纤维可产生 100～200mg 的力量，假如把全身 630 多块肌肉的肌纤维束成一捆，沿着同一方向用力，可产生 20～30t 的力量。但实际上，人体的肌肉是无法同时向同一方向收缩做功的。目前，世界上男性力量可达到以下几个指标：抓举 216kg，挺举 266kg，深蹲

500kg，肩背负重 2 840kg；女性抓举力量可达 138kg，挺举 182.5kg。20 世纪初，比利时姑娘桑德维娜能肩背负重将重达 600kg 的加农炮从卡车上扛下来。

二、力量素质训练的意义

力量素质对人体运动有非常大的影响，是人体运动的基本素质，也是衡量运动员身体训练水平的重要指标，发展和提高力量素质意义重大。

（一）力量素质是进行一切体育活动的基础

我们所进行的各种体育活动都是由作为主动运动器官的肌肉以不同的负荷强度、收缩速度和持续时间进行工作而带动了被动运动器官骨骼的移动来完成的。如果没有肌肉的收缩和舒张而产生的力量牵拉骨骼进行运动，人们连起码的行走和直立都不可能完成，更不要说进行体育活动了。跑、跳、投及攀登爬越等各种体育运动和体力劳动都离不开力量素质。一个人要想跑得快，腿部就要有较好的后蹬力，要想跳得高、跳得远就得有较好的弹跳力，要想投得远就要大力发展上肢爆发力。可以说力量素质是人体最基本的身体素质，是进行一切体育活动和体力劳动的基础。

（二）力量素质影响并促进其他身体素质的发展

任何身体素质都是通过一定的肌肉工作方式来实现的，而肌肉的力量是人体一切活动的基础。力量素质决定速度素质的提高，耐力素质的增长，柔韧素质的发挥和灵敏素质的表现。首先，力量素质的增长有助于速度素质的提高。因为肌肉的快速收缩是以其力量为前提的。一名短跑运动员如果没有两条强有力的腿，是不可能取得优异成绩的。其次，力量素质也有助于耐力素质的增长。从生活常识中我们可以非常容易地看出，一个强壮有力的人能比身体虚弱者持续活动更长的时间。此外，力量、速度的提高会增加肌肉的弹性，促进灵敏素质和柔韧素质的发展。

（三）力量素质的水平直接影响技术动作的掌握和运动成绩的提高

运动员力量素质的水平，直接影响技术动作的掌握和运动成绩的提高。例如体操运动员如果没有足够的上肢、肩臂、腰腹力量，就无法完成十字支撑、慢起手倒立等用力动作；球类运动中的各种急停、闪躲、变向、腾空以及一些高难动作的完成也都是以一定的肌肉力量为基础的；最大力量和爆发力是田径运动技术之外决定运动成绩的关键因素，除长距离跑之外，其他田径运动项目的高水平运动成绩都与力量素质的发挥密切相关，尤其是投掷项目。

（四）力量素质是衡量运动训练水平的重要指标，也是各运动项目选拔人才的重要依据

力量素质在运动训练实践过程中，往往作为判断运动训练水平、评定参加何种等级比赛的一项重要指标，作为判断某些专项运动潜力的一种重要手段，也是一些体能性运动项目选材的依据。例如：体操运动员在完成各种动作时，虽然要借助外力的作用，但是在其动作的所有阶段，都要求运动员按照动作技术的要求，协调地运用自身的力量完成动作，所以对力量素质的发展必须给予足够的重视，尤其是速度力量往往被作为选拔运动员的重要指标；在篮球选材时往往将力量素质训练的“原地纵跳摸高”“助跑摸高”“负重半蹲”“仰卧起坐”等动作作为衡量一名运动员身体素质好坏和评价运动训练水平的指标。

三、力量素质的分类及特点

在体育运动中，根据不同项目对力量素质的要求以及力量表现的形式，可以将力量分为多种类型。依肌肉收缩的形式，可以将力量划分为静力性力量和动力性力量；依力量素质与运动专项的关系，可分为一般力量与专项力量；依力量素质与运动员体重的关系，可分为绝对力量和相对力量；依力量的表现形式又可以分为最大力量、速度力量和力量耐力。

（一）静力性力量

静力性力量是指肌肉收缩时产生的力量，可以完成某些静止不动的用力动作，或在整个动作中肢体不产生明显位移的力量，又叫等长力量。例如，直角支撑、平衡动作等所表现出来的力量就属于静力性力量。

（二）动力性力量

动力性力量是指肌肉收缩或拉长时，使身体或身体某一部分产生位移或推动别的物体产生运动的力量，又叫等张力量。动力性力量又可以包括绝对力量、相对力量、最大力量、速度力量和力量耐力等。

（三）绝对力量

绝对力量是指不考虑运动员的体重因素，人体或人体某部分用最大力量所能克服最大阻力的能力。对从事系统训练的运动员来说，绝对力量的提高与体重的增加可同步进行。大力发展绝对力量对投掷项目和按体重分级的举重、摔跤和柔道等重竞技项目有非常重要的意义。田径的投掷、举重等项目都要求运动员有很高的绝对力量水平，如美国铅球运动员伍兹（铅球成绩为22.20m）的卧推重量达230kg，深蹲重量达300kg，高翻重量达180kg。实践证明，男子铅球成绩如果要突破20m，卧推力量的指标至少要在200kg以上。

（四）相对力量

每千克体重所表现出来的力量称为相对力量，它主要反映运动员的绝对力量与体重之间的关系。相对力量对体操、跳高等项目是十分重要的，因为这些项目要求运动员具有较大的克服自身体重的能力，一方面要求运动员具有较大的最大力量，另一方面还要求运动员体重不能过大，即要求运动员具有良好的相对力量。衡量指标采用力量体重指数，即每千克体重的绝对力量来表示：

$$\text{相对力量}=\frac{\text{绝对力量}}{\text{本人体重}}$$

如果绝对力量不变或变化很小，但体重增加，那么相对力量就会变小，这对于相对力量起较大作用的项目是不利的。运动实践证明，体操运动员有关肌肉相对力量比例至少要达到1.0才可能完成吊环中的十字支撑动作，也就是说，运动员的绝对力量至少要能够抵消运动员的自身体重。前跳高世界纪录保持者瓦·布鲁梅尔，在所有20世纪60年代的苏联跳高运动员中后蹲的相对力量最大，为2.21，后蹲最大力量为174kg，纵跳104cm，而格拉斯科大和戴克的后蹲相对力量指数仅为1.83和1.73。可见相对力量在许多运动项目中都是决定运动水平的重要指标。表2.1是以前的56kg级、77kg级和110kg以上级举重世界纪录创造者的相对力量比较。从各级别举重世界纪录的发展情况来看，随着体重的增加，相对力量值下降。在重竞技项目中，相对力量最大的运动员是三届奥运会冠军、土耳其人苏莱曼诺尔古。1988 年在汉城举行的第 24 届奥运会举重 60kg 级比赛中，他先后 6 次打破世界纪录，总成绩达到 342.5kg，其中抓举重量为 152.5kg、挺举重量为 190kg，挺举的相对力量指数达到每千克体重 3.17，是世界上举重运动员中相对力量最大的人。

表 2.1　三个级别挺举世界纪录创造者的相对力量比较

序　号	体重级别/kg	创造者	世界纪录/kg	相对力量指标
1	56	伊万诺夫(保加利亚)	168	3.00
2	77	瓦尔巴诺夫(保加利亚)	207.5	2.69
3	≥110 以上级	塔拉年柯(苏联)	266	2.42

(五)最大力量

最大力量是指运动员以最大肌肉力量和最大意志收缩，对抗一种刚好能够克服的阻力时所发挥的最大力值。最大力量的力值主要取决于肌肉横断面和肌纤维的分配及最大意志紧张的能力，即尽可能多地及时动员肌肉的众多运动单位参加用力的能力。同时，最大力量的力值还随工作肌群的关节角度而变化。最大力量指标可以通过运动员一次所能举起的最大重量来表示。

(六)速度力量

速度力量也叫快速力量，指运动员在特定的负荷条件下所表现出来的最大动作速度。这种动作速度一般是指在最短时间内(通常在 150ms 左右)发挥肌肉力量的能力。速度力量取决于肌肉的收缩速度和最大力量，可以用速度力量指数表示(见图 2.1)：

$$速度力量指数 = \frac{f_{max}}{t_{max}}$$

起动力量：指肌肉收缩 50ms 内达到最大力值的能力。可以表示为

$$起动力量 = f_{50}$$

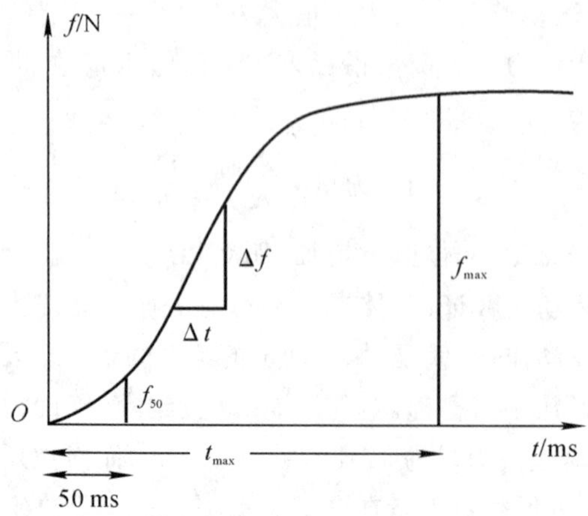

图 2.1　力量-时间曲线

爆发力：爆发力是速度力量最典型的表现形式，是指在尽可能短的时间内，以最大加速度克服一定阻力的能力。爆发力是由最大力量与最大速度相结合组成的。

反应力：有时也叫制动力量，指在迅速改变运动方向的过程中，肌肉克服阻力、产生最大负加速度的能力。制动力量取决于肌肉的退让与超等长工作能力。

(七)力量耐力

力量耐力是指运动员在克服一定外部阻力时，肌肉能坚持尽可能长的时间或重复尽可能多的次数的能力。力量耐力又可以分为动力性力量耐力和静力性力量耐力。动力性力量耐力主要表现在田径、游泳、球类、体操等快速力量项目中；静力性力量耐力则主要表现在射击、射箭、摔跤和支撑性运动项目中。

根据不同的分类原则和标准，力量可以分为上述 7 种类型，在运动训练中最有意义的动力性力量主要是最大力量、速度力量和力量耐力。因此，动力性力量的训练实际上主要指最大力量、速度力量和力量耐力的训练。

四、决定和影响力量大小的主要因素

力量素质的发展和提高是以人体肌肉的形态、结构机能、生理、生化以及心理机制的改变为基础的，是以神经中枢的兴奋和抑制过程的强度与集中以及相适应的神经过程充分协调为前提而建立起来的各种用力动作的条件反射的结果。也就是说一个人肌肉力量的大小要受到与其生长发育水平、性别、体型、肌肉自身结构与特征、生理、生化、心理和外界其他多方面各种各样因素的制约。因此，了解决定和影响力量大小的主要因素，对于科学快速地提高力量素质有重要的意义。

(一)与人体一般特征有关的因素

1. 性别

通常情况男性的力量强于女性，这主要是由于身体中肌肉比例的差异所致。一般成年男子肌肉重量约占体重的 40%～45%，而女子则占 35%左右。科学研究证明，女子的力量平均约是男子的 2/3。但并非所有肌肉群的力量比例都是如此。如果男性某部位肌肉群的力量为100%时，女性的前臂屈、伸肌群约为男性的 55%；手指内收肌、小腿伸肌约 65%；髋关节屈、伸肌、小腿屈肌、咀嚼肌约为 80%。在力量训练的影响下，女子力量的增长和肌肉体积的增大都比男子要慢。因为“肌肉肥大”主要受体内睾丸酮激素的调节，正常男子体内的睾丸酮激素水平要高于正常女子体内的，所以女子的“肌肉肥大”程度总不如男子。

2. 年龄

力量素质的发展有着明显的年龄特征，其生理机制是肌肉发育与年龄的增长有着密切的关系。一般规律是：10 岁以前，随着人体的生长发育，无论是男孩还是女孩，力量一直缓慢而平稳地增长，而且两者区别不大；但从 11 岁起男孩、女孩最大力量的差异开始显露，男孩增长稍快而女孩增长缓慢；青春期过后，力量仍在增长但其增长速率有所下降。女性达到最大力量的年龄约在 20 岁左右，而男性达到最大力量的年龄约在 25 岁左右，之后随着年龄的增长力量开始下降(见图 2.2)。

一般力量素质发展的敏感期是 13～17 岁，13～17 岁时最大力量进入快速增长的第一个高峰。这个年龄段力量的增长与体重的增长同步，最大力量增长较快，而相对力量变化不大。这时肌肉向长度增长的速率比向横度增长的速率要快，因为此时也正是身高的快速增长期。16～17岁是最大力量快速增长的第二个高峰，这时肌肉向横度增长的速度加快，最大力量和相对力量增长均很快，这是发展和提高力量素质的最重要时期。18～25岁，力量增长变得缓慢。此后如不坚持锻炼，随着年龄的增长力量将逐渐变小；如果坚持良好的训练，男性力量增长一直可以到35岁左右。至于速度力量的"敏感期"，男性一般在7～15岁，女性一般在7～13岁，这一时期速度力量发展比较快。

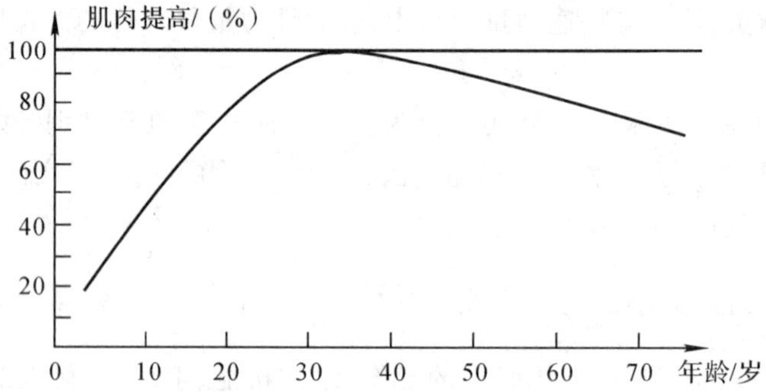

图 2.2 肌肉力量随年龄变动的变化曲线(C. JENSEN 等)

简言之，青少年力量的增长有如下特点：快速力量先于最大力量；最大力量先于相对力量；长度肌肉力量先于横度肌肉力量；躯干肌肉力量先于四肢肌肉力量。

3. 体型与体重

实践证明，运动训练能影响人的体型，而体型也能影响人的运动能力。同样，体型的差异与力量的大小有着密切的关系。据观察，体格粗壮型的人由于肌肉较发达，力量也较大；体型匀称的人力量次之，但这种体型的人一般比较精干，肌肉线条比较清晰，往往具有比较好的速度力量；体型细长的人力量比较差；肥胖型的人看起来最大力量应该好，因为这种体型的人体重大，若从相对力量的角度看，则其力量水平最低，脂肪太厚会影响肌肉的发展。

通常情况下体重大者，绝对力量较大；而体重轻者则相对力量较大。一般认为：需要克服外部阻力的项目(如投掷、摔跤、举重等)需要有较高水平的绝对力量；而仅需要克服体重但对速度、灵敏、协调性要求较高的项目(如体操等)需要有较高水平的相对力量。

(二)肌肉的形态组织结构

1. 肌肉的生理横截面

绝对肌力的大小取决于肌肉的生理横截面，也就是说肌肉的肥大程度。肌肉的生理横截面是该肌肉所有肌纤维横截面的总和；每根肌纤维的横截面增粗，则肌肉的生理横截面也相应增粗，收缩力量就随之增大。国内外的大量实验研究证明，力量训练后肌肉体积增大取决于下列因素：

(1)每根肌纤维中的肌原纤维数量增加；

(2)肌纤维中毛细血管的密度增加；

(3)肌肉中蛋白含量增加；

(4)肌纤维数量增加。

以上变化的结果都能使肌肉生理横截面的面积普遍增大，肌肉横截面每增加 $1cm^2$，可提高力量 6～12kg。

2.肌纤维类型

肌肉力量的大小还取决于不同类型肌纤维的百分比。肌纤维类型分为红肌纤维（慢肌纤维）、白肌纤维（快肌纤维）、中间型肌纤维。快肌纤维的无氧代谢能力比慢肌纤维大得多，因为快肌纤维中 ATP－CP 酶的活性比慢肌纤维大 3 倍，比酵解酶活性大 2 倍。快肌纤维粗，收缩速度快，达到最大张力的时间只需慢肌纤维的 1/3，其收缩的力量也要比慢肌纤维大得多。所以，快肌纤维最适于做短距离、高强度的运动。慢肌纤维的有氧代谢能力比快肌纤维强。因为慢肌纤维有氧氧化酶系统活性高，毛细血管的数量、线粒体的大小和体积、肌红蛋白的含量等均大于快肌纤维，所以，慢肌纤维适合于耐力运动。力量素质主要由快肌纤维决定，快肌纤维百分比越高，力量则越大。

3.肌纤维的数量与长度

肌纤维数量多，则收缩力量大。关于肌纤维的数量目前有两种观点：一种认为，人出生后 4～5 个月肌纤维的数量就已确定；另一种认为，训练后肌肉肥大，除肌纤维增粗外，还由于肌纤维的纵向分裂作用造成肌纤维数量的增加。

关于肌纤维长度，美国人达登的研究证明：一个人力量的大小，取决于肌肉的体积。肌肉体积的发展潜力，又主要取决于肌肉长度（指肌肉两头肌腱之间的长度）。例如：有两个人，一个人的肱三头肌长 20cm，另一个人的肱三头肌长 30cm，后者长度等于前者的 1.5 倍，后者横截面的潜力等于前者的 $1.5^2=2.25$ 倍，肌肉力量的潜力等于前者的 $1.5^3=3.375$ 倍。训练前两人手臂肌肉体积差不多，经过训练，后者的肌肉体积和力量要大得多。肌肉的长度主要受遗传影响，不受后天训练的影响。

4.肌肉的牵拉角度

肌肉收缩牵拉骨骼进行运动时，犹如杠杆运动，在整个活动中，随着杠杆的移动，肌肉在不同位置的不同角度上牵拉，其力量大小是不一样的。例如：当负重屈肘作弯举时，肘关节角度在 115°～120°时，肱二头肌张力最大，30°时张力最小。膝关节弯曲在 164°和 130°时腿部肌肉所用力量几乎表现一样，屈膝低于 130°时，腿部肌肉所用力量则下降。肌肉不同的牵拉角度与力量素质的发挥，及完成技术动作用力正确与否的关系较为密切。这是进行技术分析、改进技术动作必须慎重考虑的问题之一。

(三)中枢神经系统的调节机能

大脑皮质具有相适应的神经兴奋和抑制过程，又具有最适宜的灵活性，从而积极动员了植物性神经系统和内分泌功能，能够协调肌肉在运动训练中发挥更大的作用，即神经过程强度愈大愈集中，肌肉力量发挥愈大。这也说明了中枢神经系统的机能状态如何，直接影响到肌肉的力量。

1.神经过程的频率和强度

肌肉的收缩由神经传导电脉冲引起，一次脉冲可引起肌肉收缩一次。若在肌纤维还没有完全松弛时，新的脉冲信号又传来，就会出现肌肉的重叠收缩，能产生更大的力量。如果中枢神经系统传出的神经冲动强度大、频率高，则肌肉所产生的力量就大。科学的训练促使练习者中枢神经系统传出的神经冲动频率高、强度大。在同一时间里，动员肌肉内愈多的运动单位进行收缩，产生的力量就愈大。参加比赛的运动员由于兴奋性高而且兴奋的程度集中，神经过程的强度也比平时大得多，因此一般情况下比赛时都能比平时训练发挥出更大的力量。当发生意外事件时，如失火时人由于高度的神经冲动，往往能搬起平时无法搬动的重物，从而表现出惊人的力量。

通常训练刺激引起的肌肉反应只有肌肉潜力的30%左右。因此，采用相同的方法或相同的负荷进行训练只能导致部分肌肉适应训练。为了使肌肉提高适应程度或达到最高适应程度，就必须采用更大强度的刺激，只有最大刺激才能产生最大效果。可见，系统训练的要求逐步提高了神经冲动的同步效应，提高了对抗肌配合主动肌完成大强度活动的能力，从而使力量得到提高。

2.神经中枢对肌肉活动的支配和调节能力

运动单位是指一个运动神经元同它所支配的一组肌纤维。一个运动单位包括3～100根肌纤维，一块肌肉最多可含有700个运动单位。当肌肉工作时，每块肌肉内所包含的运动单位并非全部参与工作，而是一部分运动单位处于相对休息状态。肌肉内协调能力的好坏，取决于能否调动更多的运动单位参加工作。动员参加工作的运动单位数量越多，力量越大，反之则越小。肌肉内部协调能力受中枢神经系统的支配和肌肉内部对中枢神经传入的冲动所产生的反应的影响。

体育运动中，完成一个最简单的动作也需要许多块肌肉共同来实现。不同的肌肉群是由不同的神经中枢所支配而进行工作的，不同神经中枢之间的协调关系得到改善，就可以提高主动肌和对抗肌、协同肌、固定肌群之间的协调能力，使上述肌肉群在完成某一动作时能各司其职、协调一致，尤其是对抗肌肉神经中枢处于抑制，对抗肌群保持放松状态，减少了其产生的阻力，保证主动肌、协同肌群发挥更大的收缩力量。

有的专家研究证明，肌肉收缩的最佳效果不是由于肌肉本身，而是由于神经冲动的合理频率的提高，促进运动员的情绪高涨(即兴奋性提高)，从而引起较多的肾上腺素、去甲肾上腺素、乙酰胆碱及其生理活性物质的释放，这些物质能够调动肌肉的工作能力，使力量增大。因此，中枢神经系统的机能状态可以直接影响肌肉的力量，并对力量素质的发展和发挥起着极为重要的作用。在完成某一技术动作时，若中枢神经系统传出的神经冲动频率高、强度大，则肌肉所产生的力量就大。

(四)体内血睾酮水平与血皮质醇水平

体内血睾酮水平与人体力量素质有直接关系。体内血睾酮水平高，有利于提高血液蛋白合成及肌肉蛋白合成，以达到提高肌肉力量、提高训练水平及竞赛成绩的目的。经研究证明：一般男子正常血睾酮水平在20.97nmol/L左右；优秀举重运动员均在27.97nmol/L以上，甚至超过34.97nmol/L。如奥运会冠军曾国强的血睾酮为35.66nmol/L，9次打破世界纪录的何灼强体内的血睾酮值竟高达55.24nmol/L；女子举重运动员体内的血睾酮值一般为2.05nmol/L，明显高于一般女性(1.43nmol/L)。举重运动员的血皮质醇水平也较高，研究表明血皮质醇水平与力量素质也有密切的关系。

(五)营养系统的供能能力

肌肉工作时营养的供应直接影响到肌肉力量的发挥。最大力量的增长、速度力量的提高、力量耐力的加强将取决于ATP－CP供能系统、糖酵解供能系统、有氧供能系统的供能能力，即无氧非乳酸性供能、无氧乳酸性供能、有氧供能。

根据运动生物化学理论可知，ATP 是肌肉收缩的直接能源。ATP－CP、糖的无氧、糖的有氧及脂肪的有氧供能都必须以 ATP 的形式供肌肉收缩。当人体激烈活动时，肌肉中的 ATP 首先起发动作用，促使 CP 同步分解再合成 ATP 供能，与此同时磷酸立即参与糖的无氧快酵解产生 ATP 以补充肌肉中的 ATP 浓度。当 ATP－CP 系统供能接近生理允许的极限消耗时间(5.66～5.93s)时，开始启用无氧糖酵解提供的 ATP 与 ATP－CP 系统消耗的能力共同供能，直至糖的无氧酵解供能占优势，但此时运动强度下降。

极限运动 8s 后，开始进行糖的有氧慢酵解，生成丙酮酸进入三羧酸循环，氧化生成 ATP，补充肌肉中的 ATP 浓度。当运动 30s 左右时，由于糖的无氧酵解被抑制，迫使运动强度降低(即每秒每千克肌肉消耗的 ATP 数量减少)，乳酸作为有氧供能的衔接能源供能。随着运动时间的延长，糖及脂肪的有氧供能维持肌肉长时间的活动。

对发展力量素质来说，无氧非乳酸性供能最为重要。力量增长发生在较短的时间内，以较快的速度完成技术动作效果最佳。进行力量练习时，还应注意动员白肌纤维参加工作，因为白肌纤维中 CP 含量较高。进行力量练习时肌肉活动的强度很大，工作时间很短，又常伴有憋气，特别是静力练习时肌肉持续紧张，血管被挤压，血液流动不畅通，往往造成缺氧。在这种情况下，肌肉收缩的能量供应主要依靠能源物质的无氧分解，其表现特征是磷酸肌酸大量消耗，肌糖元生成乳酸，血液中乳酸也升高，因此，若要发展力量素质，必须提高肌肉的无氧代谢能力。

(六)心理因素

人体运动中由于心理障碍造成神经过程处于抑制状态，可能导致不能充分发挥出最大肌肉力量，例如不愉快的运动经历、对运动损伤的恐惧、成功信心的缺乏、焦虑和紧张等都会引起神经系统对肌肉调节功能的减弱。因此，要有目的、有意识地培养运动员自我情绪调节、集中注意力的能力。一般优秀运动员在比赛前通过“意识集中”“心理准备”或各种“自我暗示”，使自已机体的各系统同步进入紧急工作状态，解除抑制，在完成各种技术动作的过程中，充分发挥出极限力量和潜能。

心理因素是影响力量发挥的重要因素之一，已经引起教练员和体育科研人员的注意。如何克服消极心理因素、揭示人体科学的奥秘、尽快掌握心理调节、促进训练水平的提高，是体育运动训练的新课题。

(七)钠钾代谢

人体内的许多矿物质对机体的生命活动起重要作用，其中对肌肉力量影响最大的是钠和钾。钠离子和钾离子在人体内的含量和分布是不同的，钠离子主要分布在细胞外的体液中，一般细胞外体液中钠离子的浓度比细胞内的浓度高 8～12 倍；而钾离子主要存在于细胞内，特别是肌细胞内，细胞内钾离子的浓度是细胞外体液中的 20～30 倍。

钠、钾离子在人体内除参与物质代谢、维持正常渗透压、调节酸碱平衡等种种生理作用外，还对肌肉的收缩活动起重要作用。这两种离子是神经兴奋传导过程的重要物质，钠离子的作用是使肌肉放松，钾离子的作用是使肌肉收缩。体内缺钠可引起食欲不振、体重下降、血压降低、头晕、乏力、肌肉痉挛等症状。所以，运动员在夏天大量排汗后应该及时补充钠离子，最直接的方法就是在饮水时适量补充食盐。缺钾则会影响体内蛋白质的合成，使肌肉的正常活动受到一定的限制。临床上严重缺钾的患者，表现为骨骼肌的收缩功能丧失，可见钾对肌肉收缩的重要作用。

因此，合理地摄取和补充钠、钾对于运动员增强力量水平有十分重要的作用。

（八）外界刺激条件对肌肉力量的影响

1. 温度

运动时体温的适宜升高可提高人体中枢神经系统的兴奋性，加强呼吸、血液循环机能，降低肌肉的黏滞性，收缩和放松的化学反应加快，加大关节的活动范围，从而有助于肌肉收缩力量和收缩速度的发挥。希尔早在20世纪50年代就发现，体温升高2℃力量就有一定的提高。格罗兹研究发现，手臂浸在50℃的热水中8min，力量也有所提高。温热对力量和其他身体素质的良好作用是显而易见的。运动员在训练和比赛之前要做好充分的准备活动，其目的之一就是为了使身体发热，较快地提高运动能力。

2. 紫外线照射

据海丁格尔和缪勒以及其他许多学者的研究结果，紫外线照射对提高肌肉力量和其他身体素质都有良好的作用。

海丁格尔和缪勒进行的6周实验证明，采用紫外线照射进行训练，比不用紫外线照射效果提高1倍（见图2.3）。

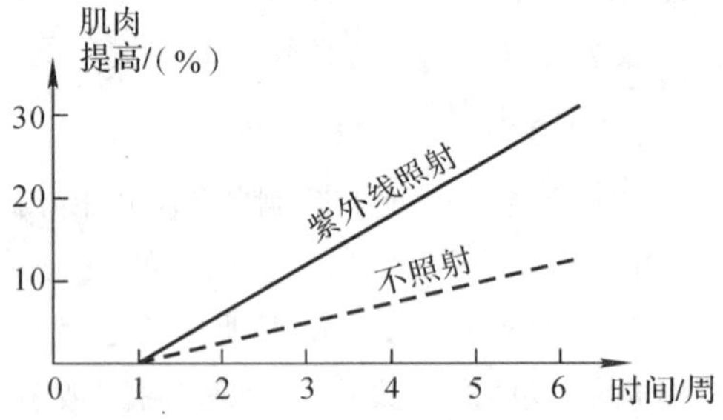

图2.3　紫外线照射对肌肉力量的提高作用(%)（海丁格尔等）

此外，气味、声音、血型、生物节律等对力量的发挥也有一定的作用。例如，举重运动员出场前闻浓度很高的氨水气味、爆发性用力时运动员自己的吼声、观众的助威呐喊声等。日本生理学家认为O型血的人肌肉弹性好、收缩有力量、神经中枢容易高度集中，在跳跃项目中成绩突出。

综上所述，决定和影响力量素质的因素是多种多样的，认识和理解这些因素，可保证力量素质训练的科学性、有效性和合理性。

五、力量素质训练应遵循的原则

（一）力量素质训练要有系统性

力量训练应有计划地全年安排，保证训练的连续性和系统性。力量训练可使肌肉克服阻力的能力较快增长，但一旦停止训练，消退得也较快。研究表明，力量增长得快，消退得也快，增长得慢，消退得也慢。若停止力量训练，已经获得的力量将按原增长速度的1/3消退。所以力量训练要按计划、逐步稳定地增长，这样既可以防止伤害事故发生，又可以减慢力量消退速度。根据优秀运动员的训练经验，每周进行1～2次力量训练，可保持已获得的力量；每两周进行4～6次力量训练，力量可望获得增长；每周进行3～4次力量训练，力量可获得显著增长。

(二)力量素质训练要把握"超量"原则

优秀运动员的力量训练是建立在"超负荷训练"的基础之上的。所谓"超负荷训练"就是指要求肌肉完成超出平时的负荷。"超负荷训练"通常会引起肌肉成分特别是肌蛋白的分解。"超负荷训练"会导致超量恢复的产生。在超量恢复的整个过程中,肌肉的成分会重新组合,肌蛋白含量得到提高,从而使肌肉更加粗壮有力。因此,要经常不断地安排"超负荷训练",以引起超量恢复,达到迅速发展力量素质的目的。在力量素质训练过程中逐渐增加练习负荷是最为重要的,但是重量不易增加过快。力量增长后,要及时地增加练习负荷,或是增加重复次数。若最大力量练习的重复次数达到10～12次,则练习重量应增加3%～5%;若使重复次数减少到7～8次,而负荷量停留在原来的负重水平上,那么训练只能增加力量耐力。

(三)力量素质训练要全面、要有实用性

要全面提高各肌肉群的力量,不但主动肌得到提高,而且对抗肌要注意提高;不但要使运动员的大肌肉群得到训练,而且要注意发展小肌肉群和肌体远端肌群的力量。这样不仅可以提高动作的协调性,更重要的是可预防受伤。

力量训练手段和专项动作应力求一致。大多数运动项目的动作结构、用力方向、参与肌肉的用力形式及其工作方式、关节角度等均不相同,各有其自身特点。因此,发展力量时要努力做到一般力量训练和专项力量训练相结合。在安排力量练习时,必须对所从事的专项运动进行全面深入的分析研究。一般在比赛期,优秀运动员进行专项力量训练时,应该在动作结构、肌肉工作性质、用力的动力学特征上尽可能与专项动作和比赛动作保持相适应。但是,对青少年运动员或训练的初期阶段不宜按此要求进行训练。周期性项目的运动员提高专项力量素质应主要采用克制与退让相结合的动力性练习。

(四)力量素质训练要有科学性

1.要掌握正确的动作姿势和呼吸方法

力量素质训练时,应注意正确的身体姿势。不但作用于各关节的力和力矩的大小发生变化,而且力矩的方向也会发生变化,如果力量练习时动作不正确,不但达不到训练效果,甚至会造成运动损伤。

因为憋气有利于固定胸廓,提高腰背肌紧张程度,可以提高练习时的力量,所以极限用力往往要在憋气的情况下才能进行。有人进行背力测定研究发现,憋气时的背力最大,为133kg,在呼气时为129kg,而在吸气时力量最小,为127kg。虽然憋气可提高练习时的力量,但用力憋气会引起胸廓内压力提高,使动脉的血液循环受阻,而导致脑贫血,甚至会发生休克。为避免产生不良后果,力量练习时必须注意以下几点:第一,憋气用力不要过于频繁。第二,学会和掌握在练习过程中完成呼吸。第三,在完成力量练习前不应做最深的吸气。第四,可以采用慢呼气来协助最大用力练习的完成。

2.要掌握正确的练习顺序、方式

不同性质的力量练习同时进行时,首先安排发展肌肉爆发力的练习,然后是最大力量练习,最后是力量耐力练习。

力量素质训练时练习负荷与练习方式要经常变换,防止机体对力量练习形成适应,这样会削弱力量练习的效果。长时间完成相对固定的力量练习，运动员机体会对练习刺激产生适应，那么这些练习就达不到训练刺激的目的。只有在训练方式不断变化的情况下，才能保证训练刺激的有效性，促进力量素质不断增长。为此，可采用以下方法：第一，在可能的范围内改变负荷重量、重复次数和完成动作的频率；第二，改变练习的手段与方法；第三，使用的训练器材和负重方法多样化；第四，改变发展各肌群力量的练习顺序。

另外，在力量素质训练中要处理好负荷与恢复的关系。在一个训练阶段中，负荷安排应大中小结合，循序渐进高负荷量度；在小周期训练中，应使各种不同性质的力量训练交替进行，如在每周星期一、三、五可安排发展爆发力或最大力量为主的训练；在每组重复练习中，注意组间的休息；力量训练后，要特别注意使肌肉放松。

(五)力量素质训练要区别对待

1.要针对女子生理特点进行训练

女性肌纤维比男子纤细，肌肉质量约占体重的35%，而男性的约占体重的43.5%；女性单位面积肌肉为男子的96%，但肌肉绝对力量仅为男子的60%～80%，爆发力约为男子的42%～54%。此外，女性的骨骼也比男性纤细，骨质量为男性的60%左右，骨骼的抗断、抗压和抗弯能力均比男性差。这些特征决定了在力量项目上女运动员很难与男运动员相比，因此在力量训练时应当考虑女性的各种生理特点，制订切实可行的计划，特别注重肩带、上肢、腹部和骨盆等薄弱环节的肌肉力量训练。

2.要针对运动员不同特点进行训练

由于运动员的年龄、健康状况、身体素质、技战术风格、训练水平等都存在鲜明的个体差异，因此力量训练的安排必须根据运动员的个人特点因人而异，区别对待。另外，青少年时期脊柱正处于生长发育阶段，因此，力量训练必须根据渐进性和适应性原则，进行科学合理的安排，以促进力量水平的迅速提高。

六、儿童少年进行力量素质训练应该注意的问题

(一)儿童少年早期力量训练的任务

少年运动员训练的重要任务之一就是尽快学习和掌握将来从事的专项运动基本技术或是与专项有关的技能。力量训练要为学习和掌握专项运动技术服务。少年运动员通过力量训练打下良好的身体素质基础，使神经肌肉系统、骨胳、关节和韧带做好进一步承受大负荷、高强度的快速力量和最大力量训练的准备。

提高肌肉力量和各器官系统的机能能力，既是早期训练的重要任务，也是进行基本技术和身体素质训练的结果。进行技术训练和身体训练必然促进身体形态和机能的发展，而形态和机能的发展又为身体素质和基本技术的提高提供了基础。

在进行2～3年左右的早期基础训练之后，力量训练中应逐渐增大专项身体素质和技术训练的比例，提高专项训练的负荷和强度。

(二)儿童少年发展力量的主要练习方法

1.杠铃和哑铃练习

杠铃和哑铃是力量训练的常用手段，但儿童不宜过多采用。对他们来说，最好使用比较轻的

杠铃和哑铃进行技术训练。

2. 综合力量练习器或类似的器械

这种方法相对比较安全，脊柱的负荷不大，可以避免损伤，可以锻练局部肌肉，尤其是腿部和腰腹力量。

3. 速度训练

通过短跑的起跑、上坡跑、牵引跑、沙地跑等形式发展下肢爆发力。

4. 弹跳练习

为了提高训练兴趣，可以进行各种方式的单脚跳、双脚跳和跳越障碍等跳跃练习。较长距离或较多次数的跳越练习，应在草地或体操垫上进行。跳跃练习要注意跳跃动作的正确性。

5. 跳深（超等长练习）

16 岁以下的少年应避免做此练习，因为这种练习对膝关节刺激很大。如果要采用这个练习，应逐渐提高跳深高度，但一般不要超过 80cm。跳深练习的地面应松软或在体操垫上进行。

6. 利用自身体重的练习

例如，俯卧撑、仰卧起坐、引体向上等，是很好的发展力量的手段。

7. 静力训练方法

一般来说，少年运动员不宜采用静力性练习，应该以动力性练习为主。静力训练方法须慎用。

8. 投掷练习法

投掷铅球、实心球等各种重物，是发展旋转动作和爆发力的有效方法。

9. 循环练习法

这种练习形式既发展了体力，又提高了力量。它是发展青少年身体素质和机能能力的重要方法。循环练习一般可由 6～8 个练习组合而成。

（三）儿童少年力量训练的年龄阶段与进程

儿童少年 7～9 岁为力量发展的第一个可训练阶段。因为在 7 岁后随着整个身体的生长和各器官、系统机能的发展，肌肉长度开始改变，相对力量有所提高。女孩从 10 岁开始，绝对力量的自然发展可分为四个阶段：第一阶段，10～13 岁，力量增长的速度很快，特别是屈肌的力量，绝对力量可提高 46%。第二阶段，13～15 岁，力量增长的速度明显下降，绝对力量只增加 8%。第三阶段，15～16 岁，力量增长 14%。第四阶段，16～21 岁，绝对力量增长很慢，只增长 6%，接近最大力量。男孩在 10 岁以前与女孩差异不大，增长速度也较慢，从 11 岁起男孩与女孩出现差异，增长速度也开始加快。在 11～13 岁期间力量增长最快，18～25 岁力量增长缓慢，到 25 岁左右达到最大力量。

儿童少年在 7～13 岁速度力量增长都很快，13 岁后，男女之间的差别越来越大，男孩的增长速度大于女孩，到 16～17 岁时增长速度下降。在儿童时期，速度力量的发展与最大力量的发展相比，速度力量发展要快些和早些。所以，在儿童时期发展速度力量可收到较好的效果。

男孩在 7～17 岁，力量耐力的发展是直线上升的。女孩 15 岁前是持续上升的，但 15 岁以后则开始产生停滞，甚至下降。

(四)儿童少年力量训练的基本要求

(1)力量训练应循序渐进地进行,应采用各种手段全面训练运动肌群,要为以后艰苦的专项训练打下良好的身体基础。

(2)杠铃练习应在较长的基础训练后安排使用。应认真地、全力以赴地学习举重技术(高翻、抓举、挺举、深蹲等),这是力量练习的基础。

(3)开始时就要加强腰腹力量的训练,努力提高脊柱的旋转能力,稳定骨盆与脊椎的肌群力量。16 岁以下的少年不宜做对膝关节和脊柱负担过重的力量训练。例如,不要做过多的深膝蹲和跳深练习。一旦出现疼痛感,应立即停止训练。

(4)儿童少年不宜采用高强度发展最大力量,高强度只会带来短暂的最大力量提高。力量练习时要强调完成技术的正确性,要以中小负荷为主,多次重复进行,至少重复 8 次以上。另外,力量训练不宜在疲劳状态下进行。在进行力量训练前必须做准备活动。每次训练课要注意渐增负荷原则,练习结束要注意放松与按摩。

(5)在灵活性和耐力训练后,不应做大重量力量训练。在安排训练计划时,应考虑各项练习的先后顺序,以及前一练习对后一练习的影响。

(6)力量有各种各样的表现形式,每个运动项目都有适合自己项目特点的最大力量、速度力量和力量耐力。所以,力量训练应与专项特点相结合,力量训练的效果要在专项素质、专项运动成绩上体现出来。

第二节　力量素质训练的主要手段与基本方法

一、力量素质训练的主要手段

1. 负重抗阻练习

如运用杠铃、壶铃、哑铃等训练器械。可用于机体任何一个部位肌肉力量的训练,是训练最常用的手段。

2. 对抗性练习

如双人顶、推、拉等,依靠对抗双方以暂短的静力作用发展力量素质。对抗性练习不需要任何训练器械及设备,又可引起练习者的兴趣。

3. 克服弹性物体的练习

如使用拉力器、拉橡皮带等,依靠弹性物体变形而产生的阻力发展力量素质。

4. 利用力量训练器械练习

利用力量训练器械,可以使身体处在各种不同的姿势(或坐、或卧、或立)进行练习,可直接发展运动员所需要的肌肉力量,使训练更有针对性。使用力量训练器,还可以减轻运动员的心理负担,避免伤害事故的发生。

5. 克服外部环境阻力的练习

如沙地和草地跑、跳练习等。做这种练习往往在动作结束阶段所用的力量较大,每次练习要求不用全力,动作要轻快。

6.克服自身体重的练习

如引体向上、倒立推起、纵跳等。这类练习均由四肢的远端支撑完成，迫使机体局部承受体重，使机体局部部位的力量得到发展。

7.电刺激

用电刺激发展力量能力，将电极置于肌肉的起止端，电流强度以人体不感到痛苦为宜。经刺激后，肌肉体积没有明显增大，脂肪减少，力量得到提高。

二、力量素质训练的基本方法

力量训练是运动训练体系中最为重要的组成部分，由于训练部位多，所以力量训练方式与方法更是多种多样。运动训练实践中，教练员们创造了多种多样发展肌肉力量的方法，或是作用于整个肌肉系统或是有选择性地作用于某些肌肉群，这些具体的练习形式是形成现代力量训练方法的基础。按动力学特征分类，力量素质练习的方法分为动力性力量练习法、静力性力量练习法及电刺激练习法等。动力性力量练习法是指人体采用相对运动的动作形式进行力量素质的练习，主要由克制收缩形式、退让收缩形式的速度性退让收缩、力量性退让收缩练习，超等长收缩形式的速度性超等长收缩、力量性超等长收缩练习等方法所组成。静力性力量练习法是指人体采用相对静止的动作形式进行发展力量素质的练习，主要是指等长收缩练习。电刺激法是利用电刺激仪产生的脉冲电流，代替由大脑发出的神经冲动，使肌肉收缩，达到提高肌肉力量的目的。

此外还有将动力性力量练习的形式和静力性力量练习的形式进行组合，形成新的发展不同力量素质的组合练习法。现代力量素质训练的方法形成了一定的分类体系(见图 2.5)，训练的具体方法更是多种多样(见图 2.5)。

力量训练方法的分类体系
- 1. 静力性力量练习法
- 2. 动力性力量练习法
  - (1)克制训练法
    - ①重复法
    - ②强度法
    - ③极限强度法
    - ④快速用力法
    - ⑤极端用力法
  - (2)等动训练法
  - (3)退让训练法
  - (4)超等长训练法
- 3. 电刺激练习法

图 2.4 力量训练方法的分类体系

(引自唐思宗、杨世勇《身体训练学》，1992 年)

(一)最大力量的训练

1.最大力量训练的方法

最大力量的提高主要取决于肌肉生理横断面和肌肉内协调能力的改善与提高。后者对相对力量的提高尤其重要。最大力量是举重、田径、跳跃和球类等项目的运动员提高成绩的主要途径。下面几种训练方法能有效地发展人体的最大力量。

(1)静力性等长收缩训练。在身体固定的姿态下，肢体环节固定，肌肉长度不变，改变张力克服阻力的练习方法，称为静力性等长收缩训练。肌肉做静力性收缩时，可以动员更多的肌纤维参与工作,表现出力量大,力量增长也快,并可以节省训练时间。但是由于静力性等长收缩训练使肌肉紧张,血管封闭,肌肉中血液循环会发生不同程度的暂时中断,因而肌肉的静力性等长收缩工作不能持久。另外,静力性练习使肌肉工作时处于无氧条件下,能量储备迅速消耗,从而迅速出现疲劳,因此,过多地使用静力性练习,会在一定程度上影响肌肉群的协调性。

- 发展力量的具体方法
  - 1. 发展最大力量(包括绝对力量、相对力量)的训练方法
    - (1)重复法
    - (2)强度法
    - (3)极限强度法
    - (4)退让训练法
    - (5)电刺激法
    - (6)静力性练习法(大强度)
    - (7)极端用力的方法
  - 2. 发展速度力量的训练方法
    - (1)爆发力的训练
      - ①快速用力法
      - ②超等长练习法
    - (2)起动力的训练
      - ①各种短距离跑的练习
      - ②超等长练习
    - (3)反应力的训练
      - ①超等长练习法
      - ②退让练习法
      - ③模仿练习法
  - 3. 发展力量耐力的训练方法
    - (1)极端用力的方法
    - (2)循环练习法
    - (3)等动练习法
    - (4)静力性练习法(小强度)

图 2.5　发展力量的具体方法

(引自唐思宗、杨世勇《身体训练学》,1992 年(一)最大力量的训练)

静力性力量训练一般多采用较大负荷量,以递增重量的方式进行练习。所负的重量越大,由肌肉的感觉神经传至大脑皮质的神经冲动也就越强,从而引起大脑皮质指挥肌肉活动的神经细胞产生强烈兴奋,若经常接受这种刺激,兴奋强度就可以提高,并会吸引更多的肌肉纤维参与工作,进而提高了肌肉的最大力量。提高静力性最大力量多采用本人最大负荷量的 70%进行练习,组数可控制在 4 组,每组持续在 12s 以上,每组间歇 3min;若采用本人最大负荷量的 70%～90%进行练习,组数可控制在 4～6 组,每组持续时间 8～10s,每组间歇 3min;若采用本人最大负荷量 90%以上进行练习,组数不超过 4 组,每组持续时间 3～6s,每组间歇应增至 4min。训练中应该把静力练习与动力练习结合起来,可按照 1∶5 的比例安排练习。

(2)重复训练法。重复训练法的特点是负荷量的大小应随肌肉力量的增加而逐渐增加。当运动员能重复更多次数时,表明力量有了提高,即应增加负荷的重量。重复用力的方法适用于训练的各个时期和阶段。其作用在于加强新陈代谢,活跃营养过程,并有助于改进协调性,加强支撑运动器官能力,并能迅速而有效地提高肌肉力量。重复用力训练采用的负荷强度一般是本人最大负荷量的 75%～90%,组数可进行 6～8 组,每组重复次数 3～6 次,每组间歇时间控制在 3min。据有关资料记载,古巴女排采用此法做架上半蹲练习,接着做立定跳远练习,该队主力队员半蹲负重量高达 300 多千克。苏联优秀运动员、多次世界纪录的创造者阿列克谢耶夫经常采用这种方法训练,虽然平时很少举最大重量,但只要完成有效组数的必要重复次数,就保证了在

比赛中能成功地举起最大重量。

(3)强度法。这种方法的特点是用极大或接近最大和最大的负荷练习，训练时逐渐达到用力极限，以后继续用相对是最强的、中上强度的负荷量，直到对这种刺激产生劣性的反应为止。短促极限用力的练习方法，保证了神经系统和肌肉用力的高度集中，使肌肉最大力量得到明显提高。短促极限用力训练采用负荷强度为本人负荷量的85%～100%，练习组数6～10组，每组练习次数1～3次，每组间歇时间控制在3min。

我国大多数举重运动员都采用这种方法，并且取得了显著的效果，多次打破世界纪录。实践证明，只要强度在90%以上，就能提高运动成绩。然而，采用这种方法进行练习不但需要很大的体力和心理准备，而且还要具备丰富的营养和良好的恢复手段。

著名的美国铅球运动员伍兹，铅球的投掷成绩为22.20m，他每周主要的力量训练如下：

周一、周四进行卧推5组，每组3～5次；弯举5组，每组8～12次。

周二、周五进行深蹲4组，每组3～5次；高翻4组，每组3～5次；负重仰卧转体3组，每组8～12次。

周三、六休息。

周日测验：卧推218kg，每组1次；弯举82kg，5组，每组8～12次；深蹲289kg，每组1～2次；高翻169kg，每组1～2次；负重仰卧转体16kg，3组，每组8～12次。

(4)极限强度法。极限强度法又叫保加利亚法或阶梯式训练法，这种方法是保加利亚功勋教练员伊万・阿巴杰耶夫所创造的。他认为人体有巨大的潜力和对外界环境很强的适应能力，开始时对新的刺激不适应，经过一段时间的训练就会适应。这时如不进行新的刺激、新的适应，机能就得不到新的发展，训练水平不可能达到新的高度。所以对旧的刺激适应后，必须给予新的刺激，再求得新的适应。以抓举训练为例，暂定第一阶段抓举训练强度为100kg，经过若干天的训练，运动员适应这个重量并且成功地举起100kg两次，就可以增加新的重量，从102.5～105kg，开始第二阶段的适应性训练。这样不断地增加重量，进行新的适应，使运动员训练水平逐步提高。

极限强度练习法的显著特点是，非常突出强度，几乎每周、每天、每项都要求达到或接近甚至超过本人当天最高水平。在计划规定的时间内要求组数越多越好，组与组之间的间歇以练习者恢复为准，整个训练全年都是这样安排的，不做大的调整和变动。

从一个阶梯上升到一个新的阶梯(一般每一阶梯训练时间为2周)，增加重量时要适当，不能过快，要掌握好尺度，考虑到运动员的适应能力、体质、技术等因素，通过不断试验，摸索出每个运动员增加的份量和适应期的长短。如果在一个新的阶梯上，运动员不能承受新的负荷，则应回到原来的阶梯上训练2～3天再增加。

极限强度力量的训练方法的负荷特征如下：采用本人最大负荷的90%，进行3组，每组做3次，每组间歇3min；适应后，增至本人最大负荷的95%，进行2组，每组做3次，每组间歇3min；适应后，增至本人最大负荷的97.5%，进行2组，每组做2次，间歇3min；适应后，再增至本人最大负荷的100%，进行2组，每组做1次，每组间歇3min。每组数可控制在1～2组，每组做1次，组间间歇3min。

极限强度力量的训练方法在苏联和东欧一些国家被广泛采用，我国也多次派人学习。目前，举重、田径、摔跤等项目纷纷采用这种方法训练，并取得了成功。

(5)极端用力法。这种力量练习方法的特点是采用一定的负荷量进行练习，次数重复至极限数量，直到完全不能做为止，即直到参加训练的肌肉群再也不能进行收缩为止。其生理机制是，肌肉越来越疲劳，需要从大脑皮层中发出补充的神经冲动新的运动单位。这样就把每块肌肉充分地调动起来，并去激发新的肌肉群(即兴奋过程的扩散)。

极端用力练习方法发展力量素质的负荷特征是一般多采用50%～75%的负荷强度，进行3～5组，每组10～12次，每组间歇时间为3～5min。极端用力练习方法发展力量素质对运动员运动系统和心血管系统的影响非常深刻；对发展力量和耐力产生良好的作用，并且是大幅度提高运动成绩的基础。

(6)退让练习法。退让练习法又叫离心收缩法。它与克制性训练方法正好相反，不是肌肉在拉长时收缩，而是在收缩的同时或收缩后被更大的外力拉长，肌肉的起止点被彼此分离。负重力量训练一般都包含有退让性用力，例如：抓举、挺举、推举、深蹲等许多动作重复多次的用力练习，特别是在退让性的慢放杠铃时，两臂屈肌、腹背伸肌、伸膝肌等在某种程度上都要进行退让性工作。学者伊万诺夫经过3个月的试验研究证明：后蹲力量的最高增长值(平均增长15kg)是用退让练习取得的，而最低的增长值(平均增长9.2kg)是靠静力练习取得的。背部力量的最高增长值(平均增长32.2kg)是用静力练习取得的。双腿原地纵跳的增长值(17cm)是用克制性练习取得的，用其他练习方法训练弹跳，原地跳高成绩有所降低；用退让练习的方法进行弹跳训练，结果弹跳高度下降1.5cm；用静力练习的方法则减少5.4cm。可见退让练习对发展腿部力量效果显著。

退让练习法的作用主要表现在以下两方面：第一，退让性练习能比动力性练习对抗更大阻力，能用超出克制性收缩的强度进行练习，因而能给予神经肌肉系统更强的刺激，获得提高力量的效果。例如：运动员深蹲最高成绩是200kg，如果是超过200kg的重量便无法练习深蹲了，然而他却可以负重220～230kg的杠铃，从直立姿势下蹲，用最大力量抵抗下蹲；退让性练习法的特点是强调慢放杠铃。第二，退让性练习与克制性工作是密切结合的，在许多情况下为克制性收缩，即主动用力创造了有利的生物力学条件。例如：用抓举、挺举发展力量时，发力前的引膝、上挺前的预蹲等都是退让性用力的典型表现。这种退让性力量的提高，会大大提高主动用力的效果。退让性练习的强度一般以120%～190%为宜。另外，从0.4～1.1m的高处下跳，即跳深训练就能很好地发展腿部力量。目前，在运动训练中有意识地安排退让练习者还很少。

(7)电刺激法。这种训练方法于20世纪60年代发明，是利用电刺激引起肌肉收缩，从而提高肌肉活性。其生理机制是由大脑发出的中枢神经冲动被一种能使肌肉收缩的电刺激所取代。电刺激力量训练法的优点是：第一，能使肌肉最大限度地活跃起来。第二，引起肌肉紧张所维持的时间要比普通方法长、反复次数多，极限力量降低减慢。电刺激力量训练过程中排除了中枢神经系统的疲劳，使运动员在已疲劳后仍可继续对肌肉进行电刺激训练，达到真正大运动量训练。第三，用电刺激法进行力量训练比一般力量训练方法消耗的能量少。第四，这种力量训练方法对肌肉训练的针对性强。其缺点是：可能对人体协调能力产生不利影响，如果训练量控制不当，会使肌肉负担过重。

电刺激力量训练方法分为直接刺激法和间接刺激法两种。直接刺激法是把两个电极固定在肌肉末端，促使肌肉直接受电刺激，频率为250Hz时肌肉收缩最为理想。间接刺激法是把不同的电极放置在有关运动神经部位，使肌肉间接受刺激收缩，频率为1 000Hz时肌肉收缩最为理想。学者鲍尔霍夫斯基于1981年对高级举重运动员进行的研究表明：运用电刺激法训练10天能使股四头肌力量由308kg提高到375kg，增长率高达21.75%。肱三头肌经过7～10次电刺激训练后，围度增加了15.7%，力量增加了23.8%，而采用其他方法发展肱三头肌，围度增加了5.1%，而力量只增加了8.7%。这说明电刺激力量训练方法对于提高力量水平效果明显。

国内外学者的研究还发现,用电刺激方法获得的肌肉力量,在停止电刺激后会很快消退。国内学者郭庆芳等认为,力量消退的速度与获得这些力量的速度相同。即很快获得的力量,在停止训练后消失得也快,逐渐获得的力量,保持的时间也长。一般情况下,电刺激后肌力能保持15天,以后逐步下降,但经过3个月力量仍然超过电刺激以前的水平。实践研究表明,在严密控制刺激量与密度的情况下,可将电刺激练习方法作为一种辅助手段;具体应用时应根据项目的特点,选择、设计适当的电刺激方法;还可有选择地针对一些肌肉进行针对性训练;对于受伤运动员可用电刺激训练保持其肌肉机能。

2. 最大力量训练应注意的问题

在进行最大力量训练的过程中,除了要遵循力量素质训练的原则外,还需要注意以下几点:

(1)最大力量训练应采用克制性和退让性相结合的动力性练习。例如,在使用杠铃练习时,举杠铃的克制性工作比退让性工作的时间少一半。假如举杠铃用1s,放杠铃则用2s,完成一个动作用3s。

(2)当发展最大力量时,不宜过多采用最大负荷。一是由于最大负荷只能重复1~2次,这对肌肉刺激的效果不如大负荷可以重复8~10次的效果好;二是因为极限负重容易造成伤害事故。

(3)要根据运动员的实际情况,选择比较合适的训练内容和方法,并且根据实际需要和肌肉的适应性经常变换训练内容和方法。

(4)最大力量训练要把大、小肌肉群的练习结合起来安排,且不可忽视小肌肉群的练习。在训练中一般先进行大肌肉群的训练,充分热身后再进行小肌肉群的训练。

(二)快速力量的训练

1. 快速力量训练的方法

快速力量是速度与力量的综合表现,它的提高受速度素质和力量素质的共同影响,力量和速度决定快速能力的水平。生理学研究证明,肌肉收缩时缩短的程度与速度和负荷有关。负荷较大,则肌肉缩短较少,而且速度较慢;当负荷为零时速度最大;当负荷达到肌肉刚刚不能承受时,速度变成零,从而产生最大等长收缩的张力。因此,只有使速度和最大力量两方面都得到提高,动作速度才能有效得到提高。训练实践证明,要提高速度是比较困难的,而提高力量相对比较容易。例如:近40年来,举重各级别的世界纪录提高了20%~30%,而典型反映速度项目的100m短跑成绩提高的幅度却只有4%左右。因此,广泛采用发展力量的练习,是提高速度力量的主要途径。

速度力量的决定因素是肌肉收缩速度。许多运动项目都是在快速节奏或爆发用力的情况下完成的。器械的出手速度,投掷时的鞭打速度,各种情况下的起动速度,体操的团身、转体速度等,都是速度力量的突出表现。速度力量的典型表现形式主要有爆发力、起动力、反应力等。

(1)爆发力的训练。爆发力是指机体在最短的时间(150ms)内产生最大的加速度克服一定阻力的能力。爆发力的大小是由参与活动的所有肌肉群的协同用力来决定的,它是速度力量项目运动水平的决定因素。爆发力的提高也同样有赖于最大力量水平的提高。如果最大力量发展不够,爆发力则不能达到很高水平,所以,发展最大力量的训练方法同样也适合于发展爆发力。

发展爆发力的方法主要有快速用力法和超等长练习法等。

1)快速用力法。快速用力法的练习特征是以最快的收缩速度,克服一定的器械重量,以提高运动员的爆发力。它包括以下两种训练形式:

第一,中等强度快速用力法:其特点是用70%~85%的强度,用最大速度练习4~6组,每组重复3~6次。这种方法对提高肌肉力量的爆发性发挥极为有效,如采用抓举、挺举等形式或高抓、高翻上挺等动作。爆发力的大小直接影响着田径运动中的投掷、跳跃、体操、击剑、跳水以及任何有起跳动作的非周期性运动项目的运动成绩,所以,可采用这种方法发展爆发力。

第二,小强度快速用力法:其特点是采用30%~60%的强度,练习3~6组,每组5~10次,进行专门性提高练习,并使练习的结构和肌肉工作方式尽量接近比赛动作。快速用力法的原理在于,速度的增长就是力量增长的标志。快速用力法有利于培养运动员的速度意识及快速运动反射的传播。

2)超等长练习法。超等长练习法也叫超长训练法。它实际上是一种把退让练习和克制练习结合在一起的训练方法。超等长练习时,肌肉先做退让工作,并且肌肉被极度拉长,然后再尽快转入克制工作。这种练习的目的在于使绝对力量转变成爆发力。其生理机制是牵张反射,即肌肉在退让工作时,肌肉被拉长得超过自然长度,于是引起牵张反射,从而能够产生一种更强有力的克制性收缩,以有效地发展爆发力。超等长练习发展爆发力的方法和练习内容主要有跳深练习和各种跳跃练习,如用最大速度进行原地纵跳、蛙跳、连续跳台阶、跳栏架、多级跳、跳上、跳下、跳箱等练习。超等长练习的内容、组数和次数,可根据训练要求和运动员个人的具体情况选定。

(2)起动力的训练。在最短时间内最快地发挥下肢力量,称为起动力。运动实践证明,最大力量水平是起动力的基本因素。许多力量型运动员,如投掷、举重运动员,尽管其体重大大超过了100kg,也很少从事过专门的短跑训练,但他们的起动速度都非常出色。发展起动力的负荷特征是采用30%~50%的负荷强度,进行3~6组,每组做5~10次,每组间歇1~3min。

发展起动力的练习方法多种多样:可以利用地形、各种建筑物做各种短跑练习,如:沙地跑、上下坡跑、跑阶梯等。也可以利用器械、仪器做各种跑的练习,如:穿加重背心的起跑加速、加速跑突然改变方向跑、计时短跑、系铅腰带的加速跑、负轻杠铃短跑等。还可以利用同伴的各种助力做加速跑、牵引跑、各种准备姿势的听信号起动跑等。另外,发展弹跳反应力的练习也都是发展起动力的良好手段。

(3)反应力的训练。反应力有时也叫制动力量,是指运动着的人体迅速制动,并以很高的加速度朝相反的方向运动的能力。当人体运动时肌肉链制动着人体运动速度,引起牵张反射。在制动的离心阶段,活动的肌肉被拉长;在加速的向心阶段,肌肉迅速收缩。所以反应收缩形式是一种高度活动的肌肉拉长——收缩周期形式。反应力主要有两种:一种是以跳跃为主的弹跳反应力;一种是以击打、鞭打、踢踹为主的击打反应力。

1)弹跳反应力的训练。提高弹跳反应力的方法主要是采用超等长训练法,训练内容主要有以下三种形式:

第一,跳深练习:下落高度40~110cm。如采用较低高度,有利于发展最大速度;采用较高高度,可发展最大力量。要求跳下后立即向上跳起,尽量跳高。这种练习每周可安排2次,每次4组,每组8~12次,组间休息2min。疲劳时不宜做此练习。

第二,负重半蹲练习:采用颈后深蹲最大负荷的90%~130%的强度做负重半蹲练习,每周安排2次,每次4～6组,每组3～5次。也可采用负重半蹲起踵或负重半蹲跳等方式来发展弹跳反应力。

第三,各种跳跃练习:用最大速度做原地多次纵跳、跨步跳、多级跳、负重连续跳、单足跳、多级蛙跳、连续跳过低栏架、连续跳台阶、跳上跳下等。优秀运动员往往把短跳练习和长跳练习结合起来进行训练。

2)击打反应力的训练。许多竞技运动项目都有击打、鞭打、踢踹、出手等动作。发展击打反应力,特别是发展对抗肌的力量能力是这些运动项目训练的重要任务。

2.快速力量训练应注意的问题

快速力量在各种运动项目中作用非常突出,但在训练过程中运动员十分容易受伤,因此,在进行快速力量训练过程中,要特别注意以下几点:

(1)应注意把局部快速力量训练与全身快速力量训练很好地结合起来。全身快速力量水平的提高,有利于局部快速力量的提高。所以,在进行快速力量训练时应特别注意把单个动作的速度力量练习与多种动作组合起来,将大肌肉群练习与小肌肉群练习结合起来。

(2)应重视提高最大力量。速度和力量的提高,相比较而言,速度的提高要比力量的提高困难得多。因而,提高快速力量素质要着重注意提高力量因素,尤其是提高最大力量的水平。

(3)应注意完成力量练习中的技术动作因素和速度要求,要注意快速力量练习动作的正确性和在快速运动中迅速发挥和表现的能力,体会产生最大速度时的用力效果。练习动作要协调、自然、连贯。

(4)应注意速度与力量两种训练作用因素的最优化组合。在处理动作速度和负荷重量的组合关系时,一般可采用以下三种方案:

第一,动作速度不变,增加练习重量,称为“力量性”快速力量训练;

第二,练习重量不变,提高动作速度,称为“速度性”快速力量训练;

第三,练习重量和动作速度同时增加,称为“全面性”快速力量训练。

由于各个运动项目对快速力量中速度与力量的要求各有侧重,在实施训练时要注意把快速力量训练与专项很好地结合起来,牢记训练是为提高专项能力服务的。

(三)力量耐力的训练

1.力量耐力训练的方法

力量耐力是既有力量又有耐力的综合性素质。它是在静力性或动力性工作中长时间保持肌肉紧张而又不降低工作效果的运动能力。运动员的力量耐力水平取决于多种因素,其中最主要的是保持工作肌耗氧和供氧的血液循环和呼吸系统的机能水平,无氧代谢的机能能力和工作肌有效地利用氧的能力,以及运动员克服自身疲劳的意志品质。

根据肌肉工作的方式,力量耐力可以分为动力性力量耐力和静力性力量耐力。动力性力量耐力又可细分为最大力量耐力(重复发挥最大力量的能力)和快速力量耐力(重复发挥快速力量的能力)两种。无论动力性力量耐力还是静力性力量耐力,均与最大力量有密切关系,运动员在完成同一负荷重量时的重复次数,主要取决于他的最大力量。

要求动力性力量耐力的项目多集中在田径、球类、游泳和体操等项目。需要静力性力量耐力的运动项目多种多样，较典型的项目有射击、射箭、举重的支撑、吊环的十字支撑、摔跤中的“桥”、速滑中的上体姿势等。发展一般力量耐力，可采用持续间歇练习法、等动练习法、循环练习法和负荷强度较低的静力性练习法。

(1)持续间歇练习法。其特点是负荷重量较小，每次应竭尽全力去达到极限，使肌肉长时间持续收缩工作到最大限度。力量耐力的增长主要表现在重复次数的增加上，每次练习要力争增加重复次数，当重复次数超过该项目需要时，就应增加负荷重量。由于每个运动项目的特点不同，因此采用的负荷重量和次数应根据各项目的特点来确定。

具体有两种运行方法：

第一种方法的负荷特征是：采用40%～60%的负荷强度，进行3～5组练习，每组练习用很快的速度重复10～20次，组间休息30～90s。

第二种方法的负荷特征是采用25%～40%的负荷强度，进行4～6组练习，每组用比较快的动作速度重复30次以上，组间休息30～60s。

(2)等动练习法。它是利用一种专门器械(等动练习器)进行力量练习的方法。等动练习器的结构是在一个离心制动器上连一条尼龙绳，拉动尼龙绳时，由于离心制动作用，拉动绳的力量越大，器械产生的阻力也越大，器械所产生的阻力总是和用力大小相关。

肌肉用力大小与骨杠杆位置有着密切关系，即受到肌肉群的牵拉角度及每个杠杆的阻力臂与力臂的相对长度的影响。当人体任何一个环节活动时，在它整个活动范围内，肌肉所表现的力量并不是均匀一致的，例如：在做弯举时，总会明显地感觉到肘关节处于90°角左右时最吃力。在一般的动力性训练中，由于外加阻力是固定的，所以肌肉在屈肘关节的整个活动范围内，负担是不一样的，开始较小，90°左右用力最大，然后又逐渐减小。当肘关节处于不同角度时，屈肘肌群所受到的刺激作用也就不一样。而用等动练习器进行训练时，当骨杠杆处于有利位置时，肌肉如果使劲，用力比较大，器械产生的阻力也大；而当骨杠杆处于不当角度时，力量小，器械产生的阻力也就小。这样实际上就等于在肘关节的整个活动范围内，给予屈肘肌群以不同的外加阻力，只要练习者尽力去拉，就能保证在整个活动范围内，肌肉均能受到最大负荷。

进行等动练习时，通常完成次数较多。主要用于发展力量耐力，如果改变负荷，亦可用于发展其他力量素质。等动练习可采用将等动练习器固定在墙壁上、地板上或天花板上，运动员根据各自的专项特点，结合专项动作的方向和幅度，采用不同的负荷进行训练。例如，慢速等动训练，只增加做慢动作的力量耐力；快速等动训练，能使快速和慢速动作力量耐力都得到提高。但进行快速等动训练提高的力量耐力比慢速等动训练提高力量耐力的效果好。等动训练一般每周以2～4次为宜，每一种练习应保证做2～4组。负荷较大时，每组做8～15次；负荷较小时，应做15次以上。等动训练时动作速度应尽可能和所从事的专项动作一致。

(3)循环练习法。循环练习法是指根据训练的具体任务，建立若干练习站或点，运动员按照规定的顺序、路线、时间依次完成各站规定的练习内容和次数，周而复始地进行练习的方法。其特点是能轮流锻炼各个肌群，按先后顺序发展两臂、双肩、两腿、腹部、背部等部位肌群的力量耐力。循环练习的内容组织须根据练习者的设想、训练目的而定，并且应该遵循“渐进负荷”或“递增负荷”的原则安排训练，负荷强度必须针对个人情况而定。

根据国外资料报道，提高肌肉耐力一般采用两种不同方式的循环练习：

第一，大强度间歇循环练习。该方法运用时采用最大力量的50%～80%的负荷，重复10～30次，重复速度要快，休息时间应是用力时间的2～3倍。这种方法主要用于短距离高速度项目（短跑、短距离游泳、短道速滑）、摔跤、拳击及一些球类项目的肌肉耐力的训练。

第二，低强度间歇循环练习。该方法采用最大力量的30%～50%的负荷，重复次数增加至最高重复次数。完成动作的速度适中或较慢，休息时间比大强度的间歇练习时间要短。这种方法主要用于发展周期性运动项目的肌肉耐力，如长跑、长距离游泳、越野滑雪、赛艇等。

制订循环练习计划时，可以根据练习时间的长短安排6～12种练习，总持续时间在10～30min之间，循环重复练习2～3组。具体练习的持续时间、重复次数以及间歇时间应该根据运动员的训练水平和训练目的来确定。由于采用循环法练习时各“站”都是事先安排好的、固定的，所以可以组织与“站”同等数量的人同时参加练习，以提高练习者的兴趣，活跃练习的气氛。

2. 力量耐力训练应注意的问题

力量耐力在运动实践中，特别是在长时间的比赛中作用十分突出，良好的力量耐力是获得比赛最终胜利的保障。在进行力量耐力训练时要特别注意以下几点：

(1)周期性运动项目力量耐力的提高，必须与心血管系统和呼吸循环系统机能改善相结合进行。为此，必须采用专门的训练手段。

(2)力量耐力训练必须结合专项，在进行专项的力量耐力训练过程中，应注意保持练习速率与临场比赛时相接近或超过比赛时的速率。

(3)在进行力量耐力训练时组间间歇时间不宜过长，应在未完全恢复的情况下就进行下一组练习，形成疲劳积累，以达到发展力量耐力的目的。但是，在力量耐力训练课的后期，当运动员已经十分疲劳时，应该适当延长组间休息时间。

(4)力量耐力训练应该重点提高绝对力量耐力。因为在实际比赛中比的是运动员的绝对力量耐力而不是相对力量耐力。

(5)在提高运动员有氧和无氧代谢能力的同时，肌肉力量耐力训练中，应注意培养运动员对抗和克服疲劳应激的意志品质和心理素质。

第三节　力量素质训练的技术动作介绍

发展力量素质，除了掌握必要的力量训练理论外，还应该正确掌握发展有关肌群力量的技术动作，并在实践中反复练习。只有这样，才能促进力量水平的提高。力量训练包括上肢、躯干、下肢等部位的臂部、肩部、背部、胸部、腹部、腿部和全身部位的1 000多个技术动作。下面根据身体的不同部位，介绍一些现代发展力量过程中经常采用的技术动作。

一、上肢力量训练

(一)卧推

1. 做法

仰卧在卧推架上，两腿屈膝，两脚着地，双手正握杠铃，握距稍宽于肩，手臂伸直，头正颈直（见图2.6）。吸气后慢慢放下杠铃至胸部。在杠铃轻轻接触胸部后，再将杠铃推起，同时呼气。

2. 作用

主要发展肱三头肌外侧以及胸大肌、三角肌力量。

3. 衍生动作

(1)改变身体姿势。有斜上推、斜下推和平推。斜上推约30°左右，斜下推一般20°左右，分别侧重于刺激胸大肌的上部和下部，但无论怎样斜推，胸大肌的中部都承受较大压力(见图2.7)。

图 2.6　卧推

(2)变化握距。可分为窄、宽、中三种握距，可在准备姿势的手臂伸直支撑时调整握距和平衡杠铃。窄握，可窄于肩10cm，能着重锻炼胸大肌的起点(即胸部内侧)以及肱三头肌；宽握，能着重锻炼胸部外侧。

(3)调整手臂与躯干的夹角。肘关节夹紧贴近躯干，肱三头肌和三角肌受力相对较大；肘关节张开，胸部受力增大。

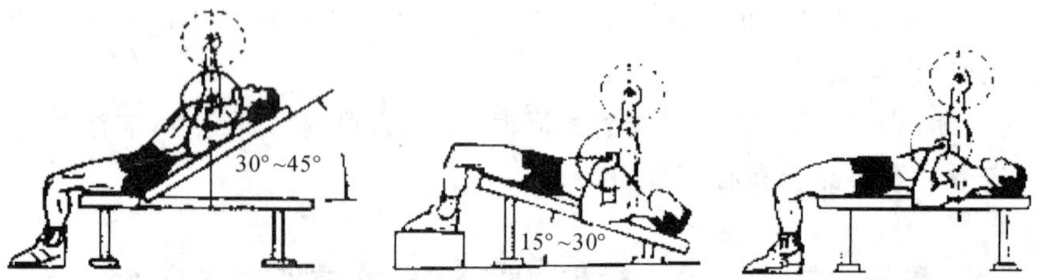

图 2.7　不同斜度的卧推

(二)俯卧撑

1. 做法

双手支撑身体，双臂垂直于地面，两腿向身体后方伸展，依靠双手和两个脚的脚尖保持平衡，保持头、颈、后背、臀部以及双腿在一条直线上。做动作时全身挺直，平起平落；两肘向身体外侧弯曲，身体降低到基本靠近地板(见图2.8)。也可将双脚抬高加大难度或负重物练习。

图 2.8　俯卧撑

2. 作用

主要发展肱三头肌、胸大肌、三角肌、背阔肌力量。

(三)仰卧飞鸟

1. 做法

仰卧长凳上，两手拳心相对，持哑铃；两臂向上直伸与地面垂直，两脚平踏地面。两手向两侧分开下落，两肘微屈，直到不能更低时为止。静止 1s，让胸大肌完全伸展，然后将两臂从两侧向上，回复到开始位置(见图 2.9)。两臂拉开时吸气，回复时呼气。此动作分上斜、下斜、平卧三种形式。

2. 作用

主要发展胸大肌、三角肌、小臂力量。

图 2.9　仰卧飞鸟

(四)双臂屈伸

1. 做法

不负重或脚上挂重物、捆上沙护腿、穿上沙衣等，在间距较窄的双杠上做双臂屈伸。练习时身体成反弓形，两肘紧靠身体两侧。向下屈臂时要充分，还原后重新开始(见图 2.10)。

2. 作用

主要发展肱三头肌、胸大肌、背阔肌力量。

图 2.10　双臂屈伸

(五)仰卧颈后臂屈伸

1. 做法

仰卧,头伸出练习凳端数厘米,两手分开 30cm,反握杠铃,举在胸前,然后屈肘把杠铃慢慢放下,降至练习凳端平面,再伸肘把杠铃举回胸前,反复进行,上臂位置尽量不变(见图 2.11)。此练习法也可用哑铃进行。

2. 作用

主要发展肱三头肌力量。

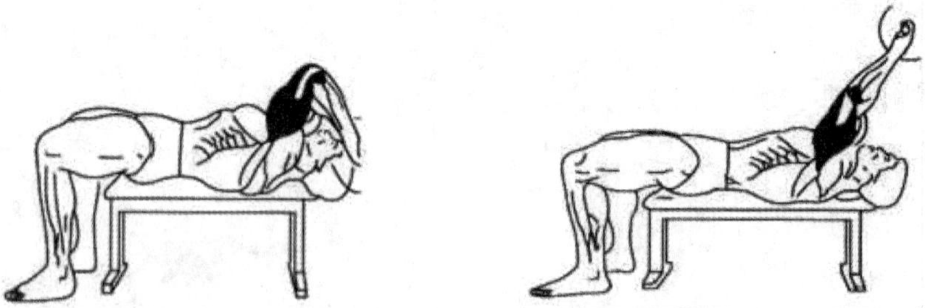

图 2.11 仰卧颈后臂屈伸

(六)颈后臂屈伸

1. 做法

身体直立,两臂上举反握杠铃(也可正握,但反握比正握效果好),握距同肩宽,做颈后臂屈伸动作。练习时两臂固定在头的两侧,两肘向上,上体不动,尽量后屈。也可用哑铃、杠铃片等重物进行单臂练习(见图 2.12)。

2. 作用

主要发展肱三头肌力量。

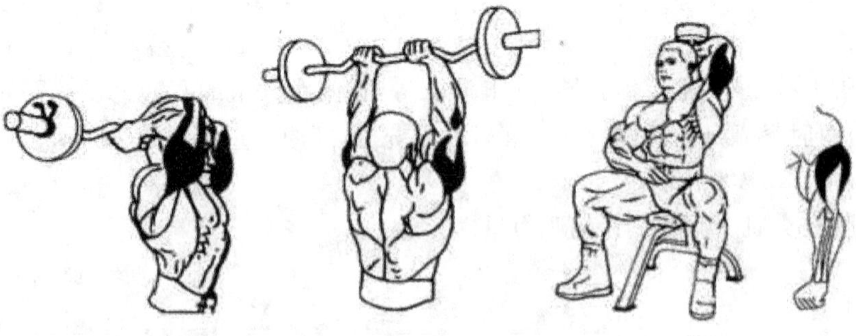

图 2.12 颈后臂屈伸

(七)重锤下压

1. 做法

站姿,两手握短把,夹肘,上臂贴紧身体两侧。屈臂,以肱三头肌的收缩力将短把由上往下压,直至两臂伸直。做动作时上臂始终贴紧身体,肘关节不宜提高,肱三头肌必须达到充分伸展和彻底收缩(见图 2.13)。此外,练习中躯干不宜前后摆动。

2. 作用

主要发展肱三头肌力量。

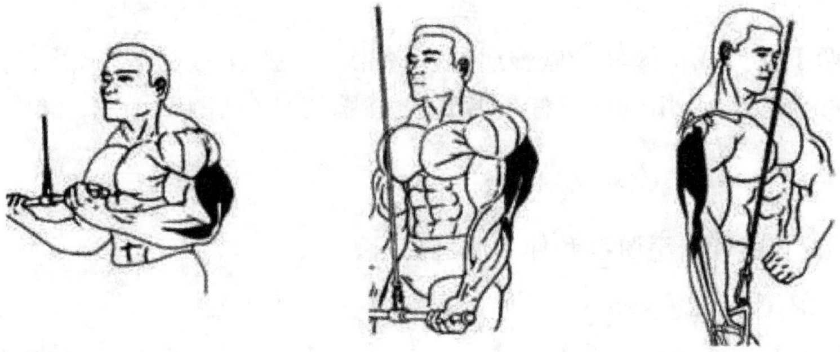

图 2.13　重锤下压

(八)弯举

1. 做法

身体直立,正握或反握杠铃,握距同肩宽,屈前臂将杠铃举至胸前(见图 2.14)。可坐着练习(见图 2.15),也可用哑铃等器械练习,还可在综合练习器上进行手持杠铃或哑铃的练习。此外,也可采用仰卧弯举、肘固定弯举、斜板哑铃弯举进行练习(见图 2.16 和图 2.17)。

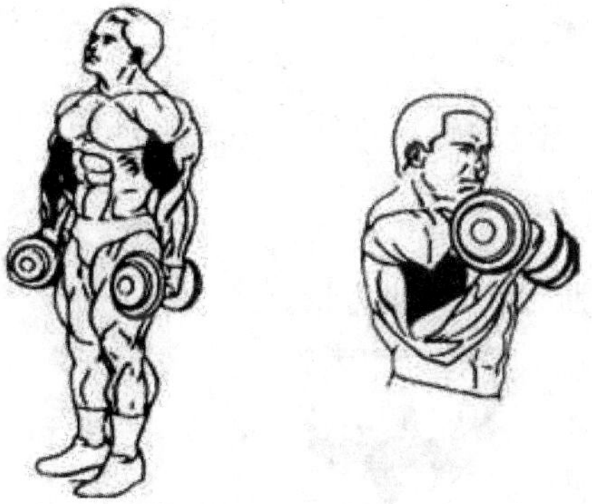

图 2.14　站姿弯举

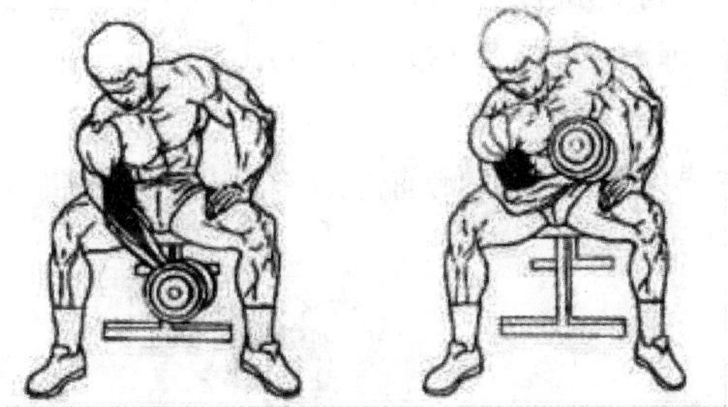

图 2.15　坐姿弯举

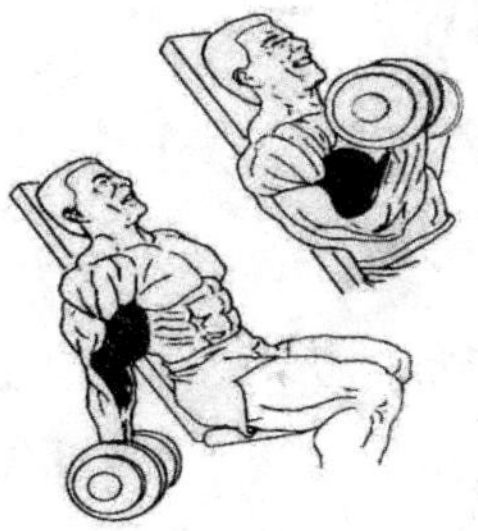

图 2.16　仰卧弯举

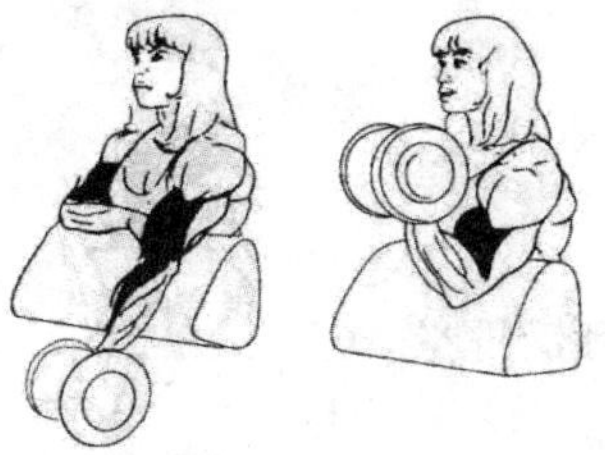

图 2.17　斜板弯举

2. 作用

主要发展肱二头肌、肱肌、肱挠肌等的力量。

(九)腕屈伸

1. 做法

上体直立,两手反握或正握杠铃做腕屈伸,前臂固定在膝上或凳子上,腕屈伸至最高点,稍停顿,再还原。也可坐着练习,用哑铃或杠铃片做交替腕屈伸(见图 2.18)。也可采用斜板腕屈伸练习。

2. 作用

主要发展手腕和前臂屈手肌群和伸手肌群力量。

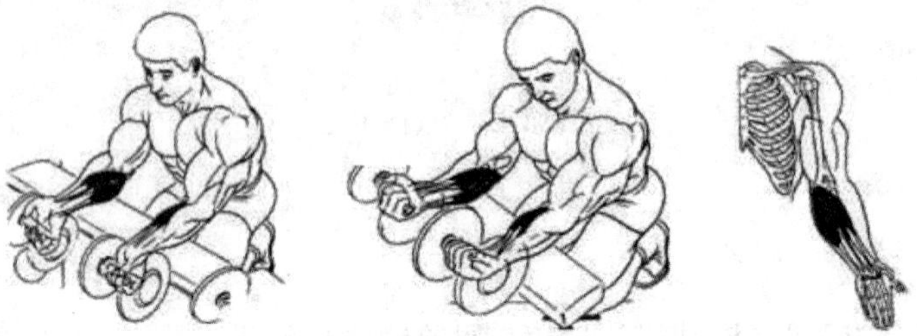

图 2.18 腕屈伸

(十)颈前推举

1. 做法

两手持铃将杠铃翻起至胸部,然后立刻上推过头顶,再屈臂将杠铃放下至胸部,再上推过头顶,反复练习(见图 2.19)。也可用哑铃或壶铃练习。

2. 作用

主要发展三角肌侧前部肌肉,以及斜方肌、前锯肌、肱三头肌力量。

图 2.19 颈前推举

(十一)颈后推举

1. 做法

身体直立,挺胸别腰,握距同肩宽,将杠铃高翻至颈后,然后将杠铃从颈后推起至两臂完全伸直,反复练习(见图 2.20)。练习时可坐着进行,也可采用宽握距或窄握距进行练习。

2. 作用

基本同颈前推举。

图 2.20　颈后推举

(十二)提肘拉

1. 做法

身体直立,正握杠铃,然后提肘将杠铃贴身上拉至下颌,稍停,再还原(见图 2.21)。也可采用多种器械和不同握距进行练习。

2. 作用

主要发展斜方肌、三角肌及肱二头肌力量。

图 2.21　提肘拉

(十三)持铃前平举

1. 做法

两脚靠拢站立,双手持哑铃于大腿前,然后向前同时平举起哑铃,还原至开始位置再重复(见图 2.22)。练习时,肘关节始终保持稍弯曲。

2. 作用

主要发展三角肌群力量。

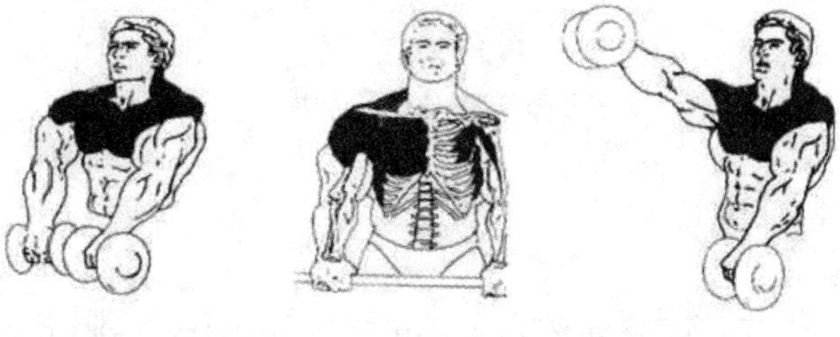

图 2.22　持铃前平举

(十四)俯立侧平举

1. 做法

上体前屈与地面平行,两臂下垂各执一哑铃,然后两臂侧向举哑铃至最高点,稍停,再还原(见图 2.23)。

2. 作用

主要发展三角肌、斜方肌、大圆肌的力量。

图 2.23 俯立侧平举

二.躯干力量训练

(一)坐姿划船

1. 做法

坐在凳上或专门器械上,两腿前伸,两脚蹬在前方固定物上,两臂前伸,肩部放松。用力时,两臂屈肘向胸腹部牵引,同时挺胸,抬头,肩胛骨向脊柱靠拢(见图 2.24)。

2. 作用

主要发展背阔肌。

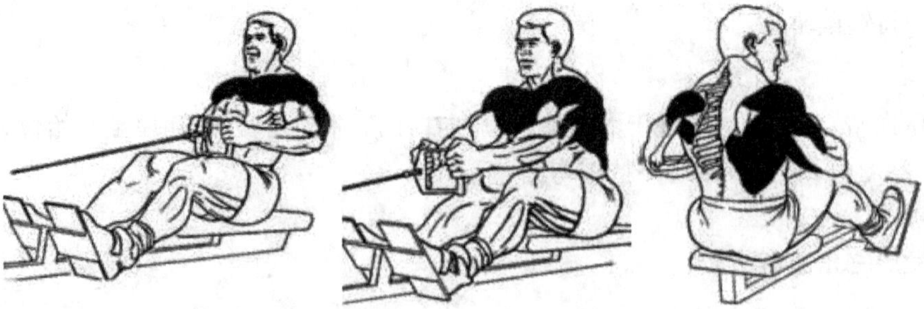

图 2.24 坐姿划船

(二)双臂下拉

1. 做法

两手以中等宽度握住拉力器把,坐在拉力器正下方,向下拉,使胸下部碰到拉力器把,同时挺胸(见图 2.25)。练习时上体不要后仰。还原后重新开始。

2. 作用

主要发展背阔肌力量。

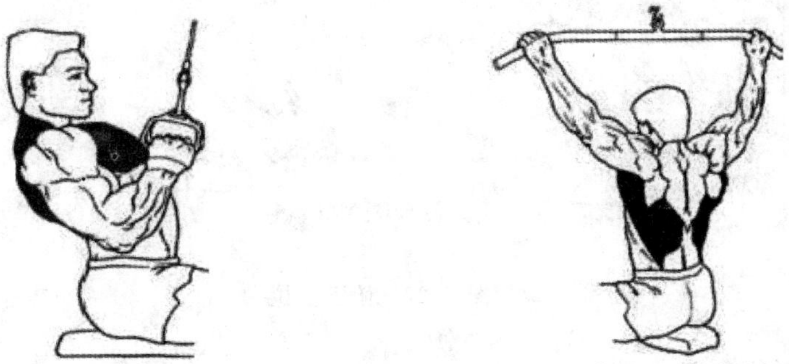

图 2.25 双臂下拉

(三)俯立划船

1. 做法

两脚开立,间距宽于肩,挺胸塌腰上体前屈 90°,抬头,体前屈,两手正握横杠,握距宽于肩,两手直臂持铃向前向上抬起;当杠铃接近与地面平行时,用背阔肌的收缩力量,将杠铃沿着上体屈臂向后拉至胸腹部,然后缓慢放下还原(见图 2.26)。杠铃在向前、向上、向后和向下运动过程中,始终不得借用旋转惯性练习,同时上体也不得摆动。也可采用壶铃、哑铃、杠铃片等器械练习。

2. 作用

主要发展背阔肌上、中部以及斜方肌、三角肌力量。

图 2.26 俯立划船

(四)俯卧上拉

1. 做法

俯卧在练习凳上,两臂悬空持杠铃,两臂同时将杠铃向上提起,稍停,再还原,反复进行(见图 2.27)。也可采用哑铃和壶铃进行练习。

2. 作用

主要发展背阔肌、斜方肌、三角肌力量。

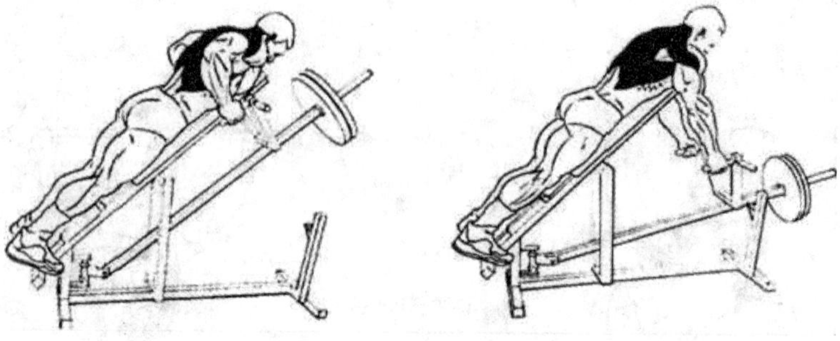

图 2.27 俯卧上拉

(五)宽握距引体向上

1. 做法

宽握距正握(反握也可)单杠,做引体向上(见图 2.28)。引体向上时下颌要高过横杠甚至把横杆拉至乳头一线,才能最有效地发展背阔肌。上拉时不要摆动或蹬腿,脚上可系重物。也可采用中握距引体向上、杠端引体向上。

2. 作用

主要发展背阔肌、肱二头肌、胸大肌力量。

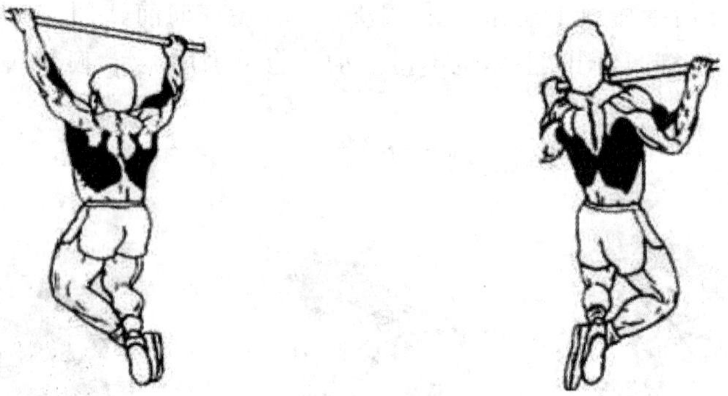

图 2.28 宽握距引体向上

(六)直臂侧下压

1. 做法

两臂侧上举握住拉力器握杆,然后用胸大肌和背阔肌力量做直臂下压,反复练习(见图 2.29)。也可做两侧直臂下压。

2. 作用

主要发展胸大肌、背阔肌力量。

(七)仰卧起坐

1. 做法

仰卧屈膝在斜板上,两足固定,两手抱头,然后屈上体坐起,再还原,反复进行(见图 2.30)。也可两手于颈后持杠铃片或其他重物负重练习。也可以将腿高置在凳上练习(见图 2.31)。

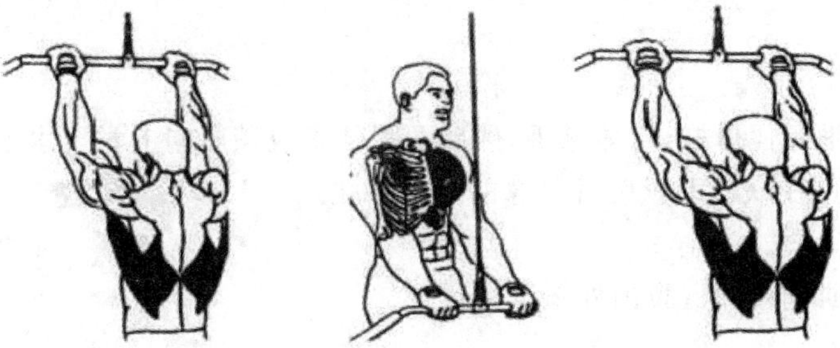

图 2.29　直臂侧下压

2. 作用

主要发展腹直肌、髂腰肌、腹内外斜肌力量。

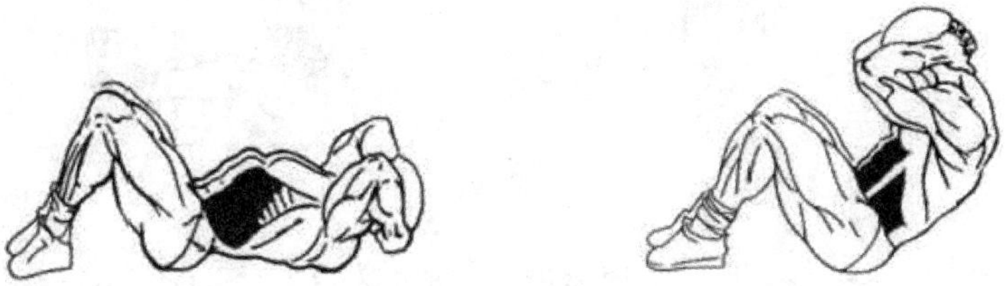

图 2.30　屈膝仰卧起坐

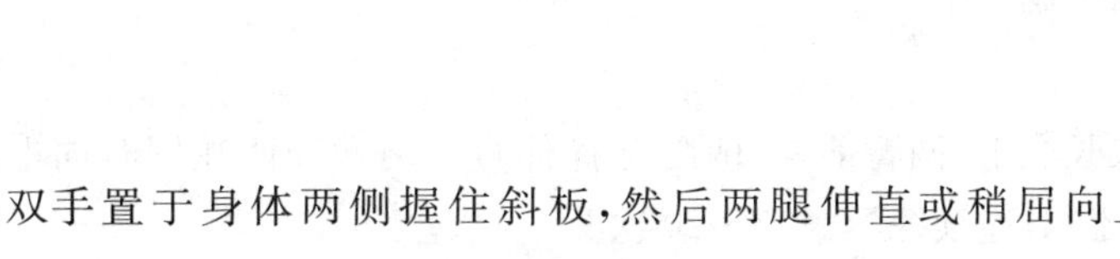

图 2.31　高置腿仰卧起坐

(八)仰卧举腿

1. 做法

卧仰在斜板上，双手置于身体两侧握住斜板，然后两腿伸直或稍屈向上举至垂直(见图 2.32)。

2. 作用

主要发展腹直肌、髂腰肌、腹内外斜肌力量。

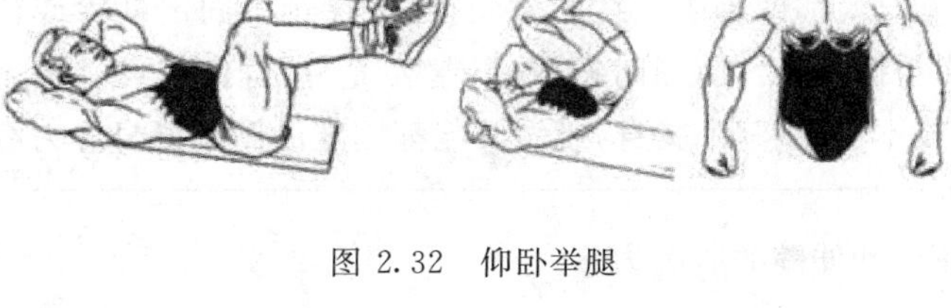

图 2.32　仰卧举腿

(九)悬垂举腿

1. 做法

两手同肩宽上举握住单杠，身体悬垂，然后两腿伸直或稍屈向上举至水平位置，反复练习(见图 2.33)。另外，也可在双杠上做两臂支撑的悬垂举腿。

2. 作用

主要发展腹直肌、髂腰肌、腹内外斜肌力量。

图 2.33 悬垂举腿

(十)仰卧两头起

1. 做法

身穿沙背心，带沙护腿，仰卧在垫子上，身体保持挺直，两臂和两腿同时上举至体前上方，手触脚背后还原。连续做 15～20 次为一组。还可增加难度，腿部和背部下放时不触垫子，距垫子 10cm 开始第二次练习。

2. 作用

主要发展腹直肌、髂腰肌、腹内外斜肌力量。

(十一)俯卧两头翘

1. 做法

俯卧在垫上或长凳上，两臂前伸，两腿并拢伸直。两臂和两腿同时向上抬起，腹部与坐垫成背弓状，然后积极还原，连续练习。15～20 次为一组。

2. 作用

主要发展伸展躯干和伸髋的肌肉力量。

(十二)山羊挺身

1. 做法

俯卧在山羊(或鞍马)上，两脚固定在肋木间，两手在颈后固定杠铃或杠铃片(力量较小者也可不负重)，做体前屈与挺身起。前屈时慢些，挺起要充分，身体成反弓形。也可俯卧在长凳上，固定两腿做负重的(或不负重)俯卧挺身，或做两端都固定的俯卧挺身静力练习。

2. 作用

主要发展伸展躯干和伸髋的肌肉力量。

三、腿部力量训练

(一)颈后深蹲

1. 做法

上体正直,挺胸紧腰,稍抬头,两手握杠将杠铃放置颈后肩上。做动作时保持腰背挺直,抬头收腹,平稳屈膝下蹲。根据不同的任务和要求,可采用不同的站距(宽、中、窄)和不同的速度(快速、中速、慢速)来做。下蹲或起立时膝与脚尖方向应一致。

2. 作用

除主要发展股四头肌、股二头肌、臀大肌力量外,还能有效地发展伸髋肌群力量。

(二)胸前深蹲

1. 做法

上体正直,挺胸紧腰,稍抬头,两手握杠将杠铃放置两肩中和锁骨上,平稳屈膝下蹲。其余要领同颈后深蹲。

2. 作用

基本同颈后深蹲,但前蹲由于胸部所受的压力较大,参与完成伸膝、屈足肌群工作的阻力矩大,因此能更有效地发展伸膝肌群和躯干伸肌的力量。

(三)半蹲

1. 做法

正握杠铃于颈后肩上,挺胸紧腰,屈膝下蹲近水平位置时,随即伸腿起立(见图 2.34)。做动作时保持腰背挺直,抬头收腹,平稳屈膝下蹲。根据不同的任务和要求,可采用不同的站距(宽、中、窄)和不同的速度(快速、中速、慢速)来做。下蹲或起立时膝与脚尖方向应一致。此练习也可采用坐蹲进行。

2. 作用

发展伸膝肌群力量与躯干支撑力量,特别是股四头肌的外、内侧肌,股后肌群和小腿三头肌。

图 2.34　半蹲

(四)箭步蹲

1. 做法

肩扛杠铃或双手持哑铃,直立;一条腿向前跨一步,成弓箭步;垂直下蹲,起立,如此反复,换腿重复(见图 2.35)。向前跨步不要太大,不超过 1m;垂直下蹲时,前腿小腿垂直地面,膝盖不要超过脚尖;受力部位应该在臀部。

2. 作用

主要用来发展股四头肌的力量。

图 2.35 箭步蹲

(五)腿屈伸

1. 做法

坐在腿伸展练习器一端,脚背前部放在圆柱垫子下面,两手抓住臀后方的两侧。股四头肌收缩,使小腿向斜上方伸起。随着小腿伸展,上体稍向后仰,以便使腿部最大限度地伸展。两腿完全伸直后坚持 2s,再还原重新开始(见图 2.36)。另外,此练习也可坐在山羊或高凳上,足钩住壶铃或挂上重物,做伸小腿动作。也可在练习器上做腿蹬出的动作。

2. 作用

主要发展大腿前部肌群力量。

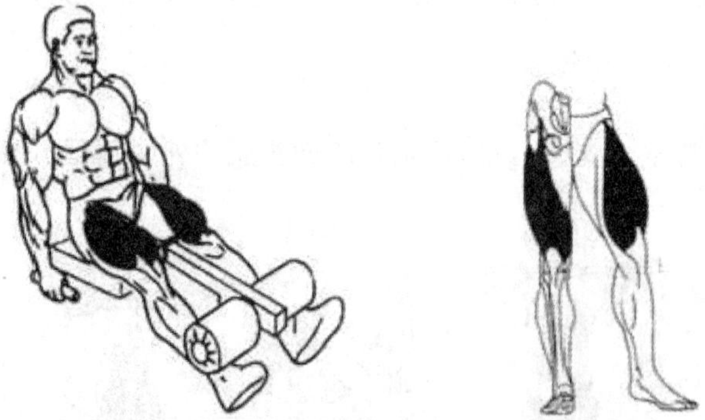

图 2.36 腿屈伸

(六)直腿硬拉

1. 做法

两腿伸直站立,上体前屈,挺胸紧腰,两臂伸直,用宽握距或窄握距握住杠铃,然后伸髋、展体将杠铃拉起至身体挺直(见图 2.37)。还原后重新开始。每组练习 2~5 次。上拉时应注意腰背肌群要收紧,杠铃靠近腿部。

2. 作用

主要发展竖棘肌、背阔肌、斜方肌、臀大肌以及股二头肌、半健肌、半膜肌、大收肌等伸展躯干和伸髋的肌肉力量。

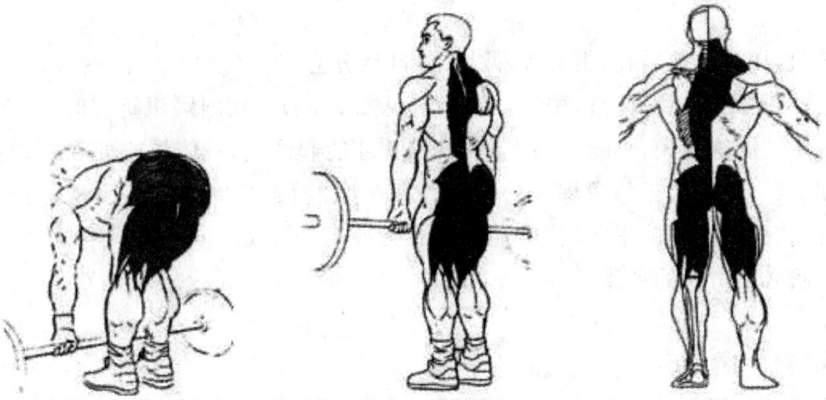

图 2.37　直腿硬拉

(七)负重提踵

1. 做法

身体直立,颈后负铃或练习架,两脚站垫木或平地上,用力起踵,稍停再还原(见图 2.38)。

2. 作用

主要发展小腿三头肌及屈足肌群力量。

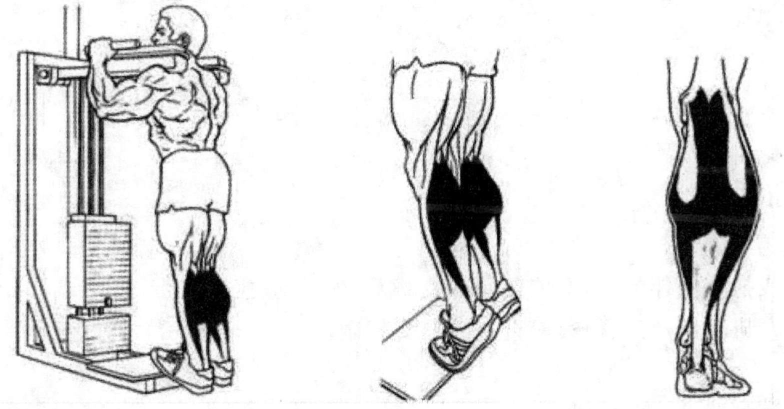

图 2.38　负重提踵

(八)负重蹬台阶

1. 做法

肩负杠铃,左腿屈膝踏在高 30～50cm 的台阶上,右脚支撑于地面。左腿迅速蹬直。与此同时,右脚提起踏上台阶。还原后反复进行,两腿交换练习。也可在踝关节缚橡皮带做蹬台阶练习。

2. 作用

主要发展伸膝、屈足肌群力量。

(九)肩托深蹲

1. 做法

站上斜蹲机,用肩抵住肩托,握住手柄,两脚自然分立,稍窄于肩。解开斜蹲机上的安全柄,屈膝下蹲,发力向上站起至腿伸直,稍停,重复做(见图 2.39)。用斜蹲机练习时,改变两脚位置锻炼部位随之改变。锻炼时大、小腿之间夹角小于 90°才能起作用,身体重心处在脚跟后面,两脚前站一点,确保股四头肌得到充分锻炼。为保持股四头肌的张力,提高训练质量,向上站起时两腿不要充分伸直,膝关节不要锁紧,保持微屈状态。此练习有一定的难度,但很见效,尤其是赛前,是分离股四头肌必不可少的动作。

2. 作用

发展股四头肌、股二头肌、臀大肌的力量。

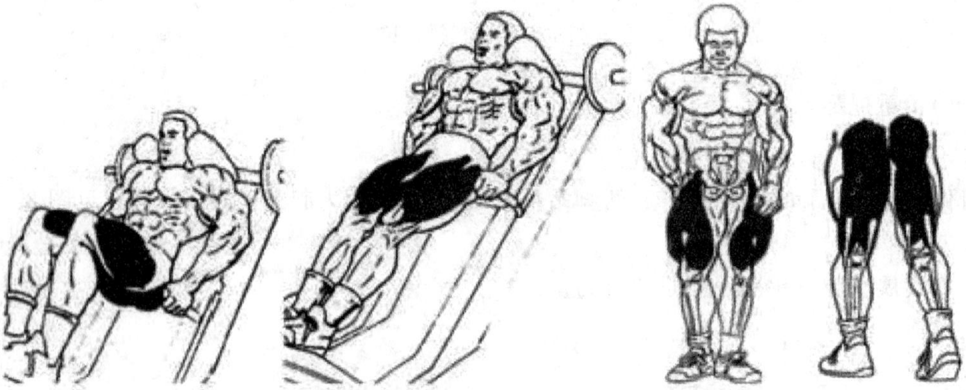

图 2.39 肩托深蹲

(十)负重抬大腿

1. 做法

两手扶墙或扶住同伴的肩,上体前倾成支撑姿势,左膝扎橡皮带,另一端固定在体后的杠柱上。左腿做抬大腿动作,右腿积极蹬直。两腿交替做。

2. 作用

主要发展髂腰肌、股直肌力量。

(十一)肩负同伴深蹲起

1. 做法

侧对肋木站立,左手正握肋木。做肩负同伴深蹲起动作。起立时腿蹬直,要求快而有力,两人交替练习。

2. 作用

主要发展腿部伸膝、伸髋肌群力量。

(十二)负重蹲跳

1. 做法

肩负杠铃，屈膝半蹲后，迅速伸髋、蹬腿，展体做起跳动作。起跳时杠铃固定，保持挺胸、紧腰、抬头、直体，落地时屈膝缓冲。也可用壶铃做，两脚开立与肩同宽，屈膝直臂持壶铃做蹲跳动作(最好两足垫高)。

2. 作用

主要发展伸大腿和屈足肌群力量，对提高弹跳力效果较好。

(十三)弓箭步跳

1. 做法

肩负杠铃成弓箭步，向上跳起两腿同时交换，落地成弓箭步，连续练习。

2. 作用

主要发展股四头肌、股二头肌、小腿三头肌、屈足肌群力量及弹跳力。

(十四)纵跳

1. 做法

身穿沙背心，带沙护腿，成半蹲姿势。两脚蹬地起跳，两臂上摆，腿充分蹬伸，头向上顶，缓冲落地后继续做。每组连续练习 10～15 次，负重以 10～15kg 为宜。动作要求协调，也可悬挂或标出高度目标，以两手触摸标志线或物体进行练习。

2. 作用

主要发展伸膝和屈足肌群力量及弹跳力。

(十五)蛙跳

1. 做法

身穿沙背心，带沙护腿(也可不负重)，全蹲。两脚蹬地，腿蹬直向前上方跳起，腾空后挺胸收腹，快速屈腿前摆，以双脚掌落地后不停顿地连续做，6～10 次为一组。动作中要求快速起跳，身体充分伸展开，可先不要求远度，逐渐增加远度要求。

2. 作用

主要发展下肢爆发力及协调用力能力。

(十六)跳深

1. 做法

将 5～8 个高度为 70～100cm 的跳箱盖纵向排好，每个跳箱盖横放，间距适当。练习者面对跳箱盖并腿站立，双脚同时用力跳上跳箱盖，紧接着向下跳，落地后立即又跳上第二个跳箱盖，连续跳上跳下，动作之间不得停顿。也可在有沙坑的高台处做此练习。

2. 作用

主要发展伸膝、屈足肌群和腹肌力量。

(十七)跳栏架

1. 做法

面向栏架，屈膝蹬地收腹上跳，连续跳过多个 84cm 以上高度的栏架。

2. 作用

主要发展下肢屈肌和伸肌力量。

四、全身力量训练

（一）上拉

1. 做法

站距约与髋同宽，靠近横杠。两臂下垂，握距约同肩宽，挺胸紧腰，下蹲提铃，当杠铃提拉到大腿中下部时，全身骤然用力，迅速做出蹬腿、伸髋、展体、耸肩、提肘动作，使杠铃继续上升，身体随之做屈膝、半蹲或直腿动作，同时顺势提肘。

2. 作用

主要发展敲棘肌、斜方肌、前锯肌、臀大肌、股二头肌、半健肌、半膜肌、大收肌、股四头肌、三角肌、肢肌、小腿三头肌、屈足肌群力量。

（二）高抓

1. 做法

高抓技术包括预备姿势、提铃、发力、半蹲支撑四个部分。预备姿势、提铃、发力部分同宽上拉。半蹲支撑是从发力时提肘的瞬间开始，这时杠铃即将转入惯性运动，腿部已能自由动作，两腿随即迅速屈膝半蹲，两臂在半蹲开始时积极提肘继续提铃，当身体降至横杠高过头部瞬间时，以肘为"轴"甩前臂，将杠铃锁肩支撑在头部上方。

2. 作用

主要发展伸膝、伸髋、伸展躯干及肩带肌群力量，并能有效地发展爆发力。

（三）挺举

1. 做法

挺举由提铃至胸和上挺两部分动作组成。提铃至胸一般用下蹲式技术，它包括预备姿势、提铃、发力、下蹲翻与起立。下蹲翻是当杠铃提拉到腰带高度时积极地两侧分腿、屈膝下蹲，与此同时屈肘，并以肩为"轴"转肘将杠铃翻至上胸部，停在锁骨与两肩上，上臂近水平状态，随即起立。上挺时先屈膝预蹲，然后迅猛地发力并做前后箭步分腿，将杠铃支撑于头顶，随即收腿起立。两脚站在同一横线上。

2. 作用

提铃部分主要发展股四头肌、臀大肌、股二头肌、半腱肌、半膜肌、大收肌、散棘肌、斜方肌、三角肌、肱二头肌、肱肌、小腿三头肌、屈足肌群力量；上挺部分主要发展股四头肌、臀大肌、股二头肌、半腱肌、半膜肌、大收肌、小腿三头肌、屈足肌群、斜方肌、前锯肌、背阔肌、三角肌、肱三头肌力量。同时也发展全身协调用力及爆发力。

（四）高翻推举

1. 做法

用高翻动作将杠铃提拉至胸部，用两臂力量将杠铃贴近面部，从胸上推起直至两臂伸直。反复练习。

2. 作用

主要发展伸膝、伸髋、伸展躯干、肩带及伸臂力量。

(五)双手持重物后抛

1. 做法

两手持重物(如实心球、壶铃、铅球、杠铃片、杠铃等)于体前,两脚分开站立约与肩同宽、屈膝半蹲,然后两脚蹬地、伸髋、展体,身体后仰,手臂顺势用力,奋力将重物经体前向头后上方抛出。两人一组,每人练习10～15次为一组。

2. 作用

发展全身协调用力和爆发力,对发展股四头肌、股二头肌、臀大肌、小腿三头肌、屈足肌群、股棘肌、斜方肌、背阔肌、腹肌力量有一定作用。

思　考　题

1.解释力量素质。力量素质的分类有哪些?

2.力量训练的意义是什么?举例说明。

3.决定和影响力量大小的主要因素有哪些?

4.力量素质训练应遵循哪些原则?

5.力量素质训练中常用的方法有哪些?举例说明。

6.通过哪些训练方法可以很好地提高最大力量和快速力量?举例说明。

第三章　速度素质训练的基本理论与方法

内容提要

本章主要介绍速度素质训练的概念，速度素质的分类、内容，影响速度提高的主要因素，速度训练的基本要求，速度素质训练的主要方法以及速度训练技术动作。

学习重点

本章的学习重点包括速度素质的概念、分类，决定和影响速度提高的主要因素，速度训练的基本要求，少年儿童速度训练应注意的问题，速度素质训练的主要方法。实践并体会发展不同类型速度的技术动作以及各种技术动作的练习要领。

第一节　速度素质训练概述

速度素质在竞技运动中具有极为重要的作用。速度素质是人体快速运动的能力，是运动的基本素质。速度素质可分为一般速度和专项速度。按不同的表现形式，可分为反应速度、动作速度和移动速度。运动员在大多数运动项目中所表现出来的速度素质，都是这三种表现形式的综合体现，但在不同项目中三者所占的比例有所不同。速度与力量结合可构成速度力量，与耐力结合则构成速度耐力。良好的速度素质有利于运动员掌握更加合理和有效的运动技术，使肌肉快速收缩产生更大的输出功率和力量。高度发展的速度素质又为速度耐力和专项耐力的发展提供了更大的潜力。因此，速度素质的发展水平高低在很大程度上决定着运动成绩的高低和比赛胜负。它是运动员最佳竞技状态的保证，是取得优异成绩的重要条件，是衡量运动员身体训练水平的重要指标。探讨提高运动员速度素质的训练方法与途径，是体能训练的一个重要任务。

短跑是人体在大量缺氧的状况下持续高速跑的极限强度运动，属于典型的无氧代谢的运动项目。它显著的技术特点是大幅度、高频率、放松。它要求人体在最短的时间内，以最快的速度跑完所规定的距离。众所周知，从事各种运动都不能离开速度，实践证明，短跑训练对提高每一个专项成绩都有着重要的作用。它的特点是运动过程短、强度大，要求运动员从静止状态在最短时间内充分调动最大限度的体能，发挥最高的速度。这就需要人体的运动器官和内脏器官(包括心血管系统、呼吸系统等)，在短时间内付出最大强度的工作量，对有机体要求比较高。短跑训练可以有效地发展速度、力量、速度耐力，协调身体素质，对提高运动水平有着重要的意义。运动爱好者和运动员的速度训练是根据专项需要，采用适宜的训练手段和方法，开发人体的多方面速度潜能的系统教育和演练过程。

一、速度素质的概念

速度素质是指人体(或身体的某部位)进行快速运动的能力。它包括三个方面，即对各种刺激快速反应的能力、快速完成动作的能力和快速通过某一距离的能力。表现在动作速度、反应速度、移动速度和速度耐力等方面。速度是运动员的基本素质之一，在体能训练中占有重要地位。速度素质与遗传因素有关，由于个人神经类型的灵活性不同，所表现出来的综合性速度能力也不一样，一般较难提高，但通过后天锻炼在一些方面会得到很快发展。例如，青少年时期是综合速度发展的最佳时期。

二、速度的分类

速度素质主要分为反应速度、动作速度、周期性运动项目中的移动速度以及速度耐力。

(一)反应速度

反应速度是指人体对各种信号刺激(声、光、触)做出反应的快慢程度。反应时的长短还与刺激信号的强度以及注意的方向性有关。由于人的速度素质发展潜力在较大程度上受遗传因素的影响，遗传率高达75%以上，因此在运动员各个时期的选材过程中，先天反应速度能力始终是重要的观测指标。例如，短跑运动员从听到发令枪声到起动时间，反应速度与比赛胜负有着密切关系。在拳击、击剑、散打、柔道、跆拳道等项目中，反应速度往往是取得胜利的重要保证。

(二)动作速度

动作速度是指人体快速完成单个动作或成套动作的能力。在运动中，通常以完成动作时间的长短来表示。动作速度的培养与其他素质的发展、技术水平有密切的关系，所以必须通过综合的发展方式加以实施。例如，跳跃时的踏跳速度，投掷时的掷出器械的速度，格斗时出拳、踢腿的速度等。动作速度还可以理解为单位时间内所完成的动作数量，即在单位时间内完成的动作数量多，表示动作的速度快。反之，则表示动作的速度慢。在完成动作的过程中，动作速度快慢与准备状态、动作熟练程度、快速力量、速度耐力、动作协调性以及练习水平等有关。

(三)移动速度

移动速度(也称位移速度)是指在周期性运动中或单位时间内人体快速移动的能力。位移速度包括加速和匀速阶段，所以它取决于动作频率、动作幅度和快速力量。在体育运动中，常以人体通过固定距离的时间来表示。例如，短距离跑，距离100m，成绩12.5s，即固定的距离为100m，人体移动的时间为12.5s。在动作技术中，移动速度可分为平均速度、加速度和最高速度。移动速度与步长、步频、肌肉的放松能力及动作技能的熟练程度等有关。短跑属于动力性力量，而动力性力量可以通过重力性力量和速度性力量的锻炼方法获得。

(四)速度耐力

速度耐力是以克服最大氧债为原则来实现的。它的发展要与发展速度、提高力量和技术水平紧密联系，特别是青少年应在发展速度的基础上提高速度耐力，不宜专门采用超负荷、大强度去训练耐力，特别是技术因素对速度耐力的发展影响很大。例如，掌握放松跑技术，可提高肌肉放松的能力。

三、影响速度提高的主要因素

（一）反应时

反应时也叫反应潜伏期，是指运动员接受刺激与做出第一个肌肉动作之间的反应时间，它具有遗传性质。单从对动作的反应速度来看，反应是由感受器（视觉、听觉）和其他分析器的特征、中枢神经过程与神经肌肉装置之间的关系确定的。对动作反应的形式和复杂程度是有所区别的，例如，简单反应和复杂反应、视觉动作反应、听觉动作反应等。对单个动作的速度而言，除了受中枢神经支配外，还要由肌肉器官的收缩来决定；对动作的频率而言，除了取决于单个动作速度的因素外，还取决于动作的协调性的程度、生物化学的因素（如能量物质的储备和动作转化），以及其他促使有机体保持这种动作节奏的因素（如参加活动的身体部位、中枢神经系统的抗疲劳能力等）。

反应潜伏期的存在涉及以下因素：首先，某些感觉器官要被刺激而唤起兴奋；其次，兴奋必须沿传入神经传到神经中枢；第三，一旦兴奋冲动传到大脑，就要根据过去的经验进行分析，刺激物越复杂，在中枢神经分析的时间就越长；第四，沿着传出神经，把中枢神经所发出的冲动传到相应的肌肉群；最后，肌肉根据刺激的特点，产生相应的应答。全过程都要有时间延搁，因而有反应潜伏期。其中，以在大脑皮层内所产生的延搁时间最长。

（二）神经过程的灵活性

神经过程的灵活性主要指运动神经中枢兴奋与抑制间的快速转换程度，即神经过程的灵活性。在以快速和高频率完成的动作中，中枢神经系统的效应冲动通过运动神经元以集中的“排炮”形式发放出来。要达到这一点，神经过程的灵活性起着决定性的作用。速度素质，特别是当表现出最高频率的动作时，取决于神经过程的灵活性。

（三）肌纤维的类型及肌肉用力的协调性

肌纤维根据其最基本的特征可以分为快肌（白肌）纤维和慢肌（红肌）纤维两种类型。慢肌纤维通常相对较慢地达到最高的收缩速度，比较适合较长时间的中、低强度的活动，具有一定的抗疲劳能力。快肌纤维能分解三磷酸腺苷，其用于负载张力的供能大约是慢肌纤维的 2 倍，有相对较快的收缩速度，是慢肌纤维收缩速度的 4 倍。由于快肌纤维比慢肌纤维体积大，也较易疲劳，因此，白肌纤维成分比例较多者更适合于速度的练习。从肌纤维成分看，白肌纤维的直径比红肌纤维的直径大，主要靠糖酵解供能，有较高的脂肪、ATP、CP 含量，容易疲劳，但适合于快速收缩。又由于白肌纤维的神经冲动传导速度比红肌纤维和中间型肌纤维快，它的无氧代谢能力更强，因此，白肌纤维成分比例较多者速度能力强。

良好的肌肉弹性及主动肌与对抗肌间的合理交替能力也是实现快速运动、准确完成技术动作的重要保证。此外，关节的灵活性（注：关节灵活性在一定程度上受柔韧性的影响）也影响着大幅度完成动作的效果（如步幅），这对于要求快速奔跑的项目尤为重要。因此，在发展速度能力（特别是移动速度能力）的过程中，安排一定的柔韧练习，特别是踝关节与髋关节的灵活性训练，对速度素质的提高有积极意义。

(四)注意力的集中程度以及个性心理特征和技术

运动速度不仅受到神经系统活动过程是否活跃、协调等因素的影响,同时也受到神经冲动频率、冲动方式以及注意力集中程度等因素的影响。坚强的意志力与高度集中的注意力是获得高速度的重要保证。运动员的个性心理特征与情绪、时间知觉、心理定向能力有关,并且影响到速度水平。因此,在速度训练中用专门的手段与方法来提高运动员的意志品质和心理定向能力是十分必要的。

速度、运动频率以及反应时往往都要受到技术影响。合理、有效的技术可以通过缩短运动杠杆,正确摆放重心,有效地使用能量等来快速完成动作。此外,良好的技术还可以使对抗肌之间更为协调和放松,从而保证完成动作,并且更省力、更协调。

(五)力量(爆发力)发展水平

在大多数运动项目中,力量特别是爆发力的发展水平是制约和决定动作速度和移动速度的重要因素之一。在训练和比赛过程中,运动员快速运动的阻力来自于重力、器械阻力、环境阻力(风、水、雪等)以及对手等。为了克服这些阻力,就必须提高运动员的力量水平,即通过提高机内收缩的力量来增加完成技能的速度和力量。在大多数运动项目的训练和竞赛中,运动员不仅必须快速具备完成动作的技能,而且要具备以同样的形式长时间地多次重复动作的技能。因此,在速度训练中,提高爆发力必须与提高肌肉耐力同时进行,只有这样才有助于提高长时间快速工作的能力。

(六)ATP-CP储备及分解和再合成速度

速度素质的训练一般都是在较短的时间(短于30s)内进行的。从能量供应过程看,速度练习强度大、时间短。100m赛跑要消耗146.3kJ的能量,每升氧气可供20.9kJ的能量,跑100m大约需7L氧。运动员在跑100m时,所用时间仅10余秒,吸入氧气很少,基本上是无氧工作,氧债为95%~100%,速度练习一般是无氧代谢过程。在无氧条件下主要依靠ATP(三磷酸腺苷,为非乳酸能量)、CP(磷酸肌酸,也是非乳酸能量)系统供能。因此,从供能特点看,速度能力主要取决于肌肉中ATP-CP的储备以及在神经冲动作用下的分解和再合成速度。ATP在每千克肌肉中有6mg左右,在进行速度练习时可供能5.02kJ,维持工作1~2s;CP在每千克肌肉中有17~20mg,供能33.44kJ,能维持工作5~7s。肌糖原(为乳酸能量)每100克肌肉中有1.5g左右,短时间速度练习一般不动用肌糖原,但在连续的爆发性速度练习或耐力性速度练习时就要动用肌糖原供能,一般在无氧条件下从10s以后供能长达45s左右。短时间极限强度肌肉收缩的直接能源物质是ATP和CP。这两种物质在肌肉中储备越多,速度训练的效果越好。随着练习时间延长,ATP消耗尽后再动用CP,CP消耗尽后肌糖原才能参加代谢,并产生乳酸。由于身体内酸性物质增加很快,导致疲劳和工作能力下降(还有别的原因)。所以速度练习的时间虽短,但对能量物质的供应要求高。

四、速度训练的基本要求

(一)随生长发育调整训练内容

7~13岁是发展少儿协调能力的良好时机,应抓住这一时期努力提高动作频率、单个动作的速度及反应速度。依靠力量增长发展速度素质应重点安排在13岁以后进行,并以发展快速力量为主。

(二)根据运动专项合理安排训练

速度素质的训练应结合运动员所从事的运动专项进行。例如,对于短跑运动员应着重提高听觉的反应能力;对于体操运动员则应着重提高皮肤触觉的反应能力;对于人的视、听、触觉反应能力而言,一般是触觉最快,听觉次之,视觉反应较慢。例如,18~25岁男子对声音的反应需要0.14~0.31s,对光的反应需要0.20~0.35s,而对触觉的反应只需要0.09~0.18s。

(三)科学安排速度素质的训练

速度素质训练应在运动员精力充沛、精神饱满、运动欲望强的情况下进行。只有这样,才有利于形成快速能力的动力定型。

(四)注意与其他素质协调发展

速度素质的发展与力量、柔韧性、灵敏性等素质的发展水平有关,因此,速度训练应注意适当采用发展其他有关素质(如力量、柔韧等)的方法,以促进运动素质间的良好转移。速度素质训练是以大强度无氧代谢为主的活动,须以有氧代谢训练为基础。

(五)要考虑女子的身体形态特点

女子身体形态与男子相比,四肢偏短,躯干相对偏长,重心低,身体各部分的围度相对较小等。这些虽有利于平衡,但对速度和跳跃能力的提高不利,女子力量和爆发力相对较小,反应时较长,这也决定了女子在进行速度训练时应首先注意发展反应能力和快速力量,以保证反应速度和动作速度的提高。此外,女子下肢相对较短,可用加快频率来弥补力量和步幅的不足,以发展移动速度。

第二节　速度素质训练的主要方法

一、速度素质训练的提示

首先,发展速度的目的是一个"快"字,快速训练才能使有机体的速度素质得到全面发展。但是,单追求一个"快"字是不行的,它要提高无氧代谢供能,既要发展肌肉力量(爆发力)、肌肉放松的能力,又要提高中枢神经系统的抑制能力和灵活性。总之,要多样、全面,不能片面,要注意练习者的兴奋性和自觉性。

其次,强度是提高速度的基础,没有训练强度就谈不上提高速度。所以必须采取一些有效的阻力手段来达到或超过最大负荷,才能有"质变",如可以利用自然条件的上下坡、牵引跑等。

再次,在进行速度训练时注意力必须集中,兴奋性高才会有效果,要安排在力量训练和耐力素质前面进行。

最后,一旦发现"速度障碍",必须及时更换锻炼内容和方法(包括场地条件),防止动作变形和僵化、停滞不前。

二、反应速度的训练

反应速度受遗传因素的影响很大,遗传率高达75%以上,是一个后天训练改变不大的指标。反应速度实际上是有机体神经系统反射道路的传导时间的快慢。这种反射道路的传导是人体的纯生理过程,是某一个体神经系统受遗传特征决定所固有的时间过程。生理学的研究成果证明,纯生理过程在后天是不能改变的或只能产生极微小的变化。因此,反应速度的提高是很困难的。运动训练并不能改变人的反应速度,训练的作用只是把受遗传因素影响所决定的最高反应速度表现出来并稳定下来。例如,人体本能的反应速度是0.05~0.09s,世界上优秀短跑运动员的最快反应速度为0.05~0.07s。对一般人来说,如果遗传决定他的反应速度是0.09s的话,那么通过训练将能把它表现出来,并使之具有较高的表现频率。最高反应速度的次数出现得越多,反应速度的稳定性就越好。

由于反应速度必须通过某一部分肌肉工作的形式表现出来,因此,为了能够表现出最高反应速度,加强这种反应速度和肌肉工作形式的训练也就有了非常重要的意义。

(一)简单反应速度的训练

简单反应就是用早已熟悉的动作,去回答事先已知的、但又是突然出现的信号,如对短跑起跑时鸣枪的反应等。

1.简单反应速度的训练原理

(1)简单反应速度存在转移现象,即人们若对一些情况反应较快,那么他们对另一些情况也会有较快的反应。各种各样的动作速度和移动速度练习可逐步提高简单反应速度,但是简单反应速度的提高并不能促进和影响动作速度和移动速度的发展。因为反应速度与动作速度、位移速度之间的转移是不可逆的。

(2)简单反应速度的提高在很大程度上取决于运动员对信号做出应答反应的动作的熟练程度。因为动作熟练后,一旦信号出现,中枢神经系统无须再花费较多时间去沟通与运动器官之间的反射联系。

(3)简单反应速度与心理素质及时间感知能力有关。运动员对细微时间间隙(0.1s以内)的感觉越精细,准确辨别这种时间差的能力越强,就越能将这种准确时间差的感觉转移到反应速度上来。

2.简单反应速度的训练方法

科学研究证明:视觉这一动作的反应时间普通人平均为0.25s(0.2~0.35s),运动员为0.15~0.2s,部分优秀运动员可达到0.1~0.12s。听觉这一动作反应时间较短,普通人平均为0.17~0.27s,多年训练的运动员为0.10~0.15s,国际水平的优秀短跑运动员可达到0.05~0.07s。运动员即使没有进行过简单反应速度的专门训练,但是只要对他们进行一般性的速度练习,如采用多种多样的游戏和球类活动,就可以发展简单反应速度,而且可以收到良好的效果。如果要把专项运动所需要的简单反应速度提高到较高水平,就必须采用专门的训练方法。发展简单反应速度可采用以下方法:

(1)重复练习法:即对突然发出的信号,快速地作出应答反应,以提高练习者的动作反应能力。还可以根据瞬间信号(视觉、听觉),变换动作或改变运动方向,对对方的各种动作作出预定的反应动作，等等。例如，以不同的“预备”至“起跑”的间隔时间重复起跑，根据教练员发出的信号改变行进方向；对已知对手的技能或运动做出不同的反应动作；对快速运动目标做出迅速反应等。

(2)分解练习法：即分解回答反应的动作，使之处于较容易完成的条件下，通过提高分解动作的速度来提高反应的速度。例如，蹲距式起跑的反应时间要比站立式起跑的反应时间长，这是因为练习者的手臂支撑着较大的重量，要较快地离开地面有一定的困难。因此，练习时，可先练习对起跑信号的反应速度(高姿势起跑或扶其他物体)，而后不用信号单独练第一个动作的速度。

(3)变换练习法：即根据动作的强度和具有时间变化的信号刺激，明显改变练习的形式和环境来提高简单动作的反应速度。应用变换练习法还可以辅以专门的心理素质练习来发展简单动作反应速度的练习(模拟接近测试、比赛的条件)。这样可使练习者逐渐地适应多变的环境，消除妨碍实现简单动作反应的多余的紧张，避免兴奋的极度扩散。

(4)运动感觉法：即心理素质练习与运动实践相结合的一种方法。运动感觉法的练习可分为三个阶段：第一阶段是练习者听到信号后，用最快的速度对信号作出应答反应(如做 5m 的起跑)，并获得实际的时间，以提高练习者的应答反应能力。第二阶段是让练习者自我判断反应时间，并与实际时间进行比较，以提高练习者的时间感觉能力。第三阶段是要求练习者按照预先规定的时间去完成某一反应的练习，以提高练习者的时间判断能力。当这些判断与大多数情况下比较吻合时，运动员就能准确确定反应时间的变化，从而提高反应速度。

反应速度在很大程度上还取决于运动员的注意力集中程度和注意力集中的目标。如果注意力集中在即将进行的运动上，而不是起跑信号上，其反应就要慢。如果肌肉在起跑的前十分之几秒内能产生等长性紧张(如以脚蹬起跑器)，则起跑反应时会更短。此外，反应时还取决于起跑信号出现前的时间间隔。扎图奥尔斯基(1980 年)提出，“预备”与“起跑”信号的最佳时间间隔应为 1.5s。

(二)复杂反应速度的训练

复杂反应速度也称为选择反应速度。它是指对瞬间的变化做出相应动作的回答。例如，在球类运动(如篮球、排球、足球、网球、垒球、羽毛球、乒乓球等)，以及一对一的对抗性项目(如击剑、拳击、摔跤、散打、跆拳道、空手道、合气道、自由搏击等)中，由于对抗激烈，经常出现突然变换动作的情况，因此这类项目对复杂反应速度有极高的要求。

复杂反应在运动中大部分属于选择反应。选择反应包含两种反应形式：一是对移动目标的反应，对移动目标的反应过程主要是指对运动客体的变化做出反应；二是选择动作的反应，这主要是指根据对手动作变化做出相应的动作反应。

延烽(1986 年)等认为，复杂反应速度的培养属于运动技术和战术训练的组成部分，特别是在球类运动和一对一对抗项目中。复杂反应速度的提高，最主要、最有效的方法是在训练中模拟整个比赛的情况以及有系统地参加比赛。因为对方所产生的变化只有在比赛中才能充分地显露，而自己所选择的反应动作速度是否有效也只有在比赛中才能得到检验。提高复杂反应速度可采用以下训练方法：

(1)移动目标练习，对移动目标产生应答并做出选择反应，一般要经过以下四个阶段：

(a)看到目标移动或听到信号；

(b)判断目标移动的速度和方向；

(c)选择应答动作的方案；

(d)实现动作的方案。

上述四个阶段构成了完成动作的反应时，整个反应过程时间为0.25～1.0s。其中第一阶段所需时间最长，而感觉时间，即完成其他三个阶段的时间都短得多，只有0.05s。因此，在训练中应强调第一阶段的训练，即视觉观察移动物体能力的训练。从不同的位置、方向，或以不同的速度传球(或拳击、击剑、武术和散打中的动作)，都可以提高运动员对移动物体的反应能力。通过各种游戏或在小场地比赛也可以提高对移动物体的反应能力。移动目标练习还可采用以下两种方法进行。

1)加强"预料"能力的培养：即培养在视野中预先"观察到"和"盯住"运动物体以及预先确定此物体可能移动的方向的本领。这种本领要在技术和战术动作的过程中提高，或通过专项练习来提高。

2)有意识地引入和增加外部刺激因素：例如，在专项训练时增加球的数量，采用多球练习和多球游戏练习；缩小练习场地；安排一对二和一对三练习等。还可采用带有程序设计装置的练习器和其他专门设备，如乒乓球、排球发球机等，以提高在视野中迅速辨别和确定运动客体的能力。

为了缩短复杂(选择)反应时间，提高反应速度，在训练中运动员还要能巧妙地利用对手可能发出动作的"潜伏信息"。这种潜伏信息是从观察对手的姿态、面部表情、准备动作、总体风度等得来的。实践证明，一旦能准确意识到对手可能采用的进攻方式，就可能准确地选择相应的应答动作来缩短反应时间。

(2)选择性练习，让运动员随着各种信号复杂程度的变化，做出相应的应答动作。例如，教练员喊蹲下动作，但实际上要求运动员站立不动；教练员喊向左转，运动员应向右转；教练员喊1，2，3，4中某个数字时，运动员再做出事先规定的相应动作。此练习要求运动员注意力高度集中，反应快。

(3)选择性反应能力练习，即在队友或对方发出的动作以及根据比赛的瞬息变化而做出的各种可能的反应中做出正确选择能力的练习。例如，拳击运动员在采取防守姿势时，对对方的进攻动作做出的最适宜反应；速降滑雪比赛中，运动员根据坡度与雪情选择的最佳姿势。选择性反应能力练习应循序渐进，逐步提高。例如，在柔道、摔跤和拳击运动中，运动员应首先掌握对某一技术动作的常规反应，随着运动技能的熟练化和自动化，再逐步掌握不同的反应时间。接着，还可以增加新的训练内容，使运动员掌握对于某一进攻动作进行正确防守和反击的所有技能，以便在各种不同的情况下，选择到最适合、最有效的行动。

扎图奥尔斯基(1980年)认为，优秀运动员对简单反应和复杂反应的速度相同。他认为，每一个动作都包括两个阶段：第一阶段为等长阶段，即肌肉高度紧张，而且紧张分布均匀，随时准备行动；第二阶段为等动阶段，即行动阶段，反应出现。优秀运动员往往具有在对手开始第二阶段行动前便已经做出反应的快速反应能力。

总之，在有目的的发展复杂反应速度的专门训练中，不仅要巩固和完善运动技术，增加技术动作总量，培养良好的协调能力，而且要尽可能多地模拟专项运动中产生这些复杂反应的条件和类似的形式，让运动员反复适应，促使反应时间缩短。由于复杂动作反应速度的转移范围相当广泛，因而必须采用多种形式的专门练习。

(三)反应速度训练的基本要求

1. 要集中注意力

运动员注意力集中，可使神经系统处于适宜的兴奋状态，并使肌肉处在紧张待发状态。研究证明，肌肉处在紧张待发状态，要比肌肉处于松弛状态的反应速度高60%左右。紧张待发状态适宜的时间为1.5s左右，最多不能超过8s。注意力通常应集中在完成的动作上，这样可以缩短反应潜伏的时间(见表3.1)。

2. 要动作熟练

反应速度的提高主要取决于运动员对信号应答动作的熟练程度。动作熟练者，信号一旦出现，就会立刻做出相应的反应动作。这是因为感受器受到信号刺激，中枢神经无须再花费较长时间去沟通与运动器官的反射联系，所以要提高反应速度就必须反复练习。在反复练习中，要经常不断地改变练习刺激的强度和时间等因素，否则也会形成动力定型，出现“反应速度障碍”。

表 3.1 注意类型潜伏期

类　型	注意力分配	潜伏期/ms
感觉型	注意力集中在发出信号上	160～175
运动型	注意力集中在完成的动作上	100～125
中间型	注意力集中在信号和动作上	140～150

3. 要结合专项需要

反应速度的训练，必须结合专项的需要。例如，短跑运动员需要听觉动作的反应速度，可用声信号刺激来提高这种能力。球类项目动作复杂多变，要求运动员能在瞬间对各种复杂多变的情况做出应答反应，这就要模拟比赛的情况，因为对方所产生的动作变化只有在比赛中才能充分暴露出来，而自己所选择的反应动作是否有效，也只有在比赛中才能得到检验。

4. 要掌握多种技能

运动员掌握了多种运动技能，就可以增加可供选择的应答动作数量“储备”，只有这样才能在瞬息万变的复杂情况下迅速做出相应的应答动作。

三、动作速度的训练

动作速度寓于具体的动作之中。例如，抓举动作速度、掷铅球动作速度、游泳转身动作速度等。动作速度不仅与动作技术紧密地联系在一起，而且与力量、耐力、协调性等其他运动素质水平有关。所以动作速度的发展与其他运动素质的训练和技术训练有密切联系。动作速度的培养，必须通过技术水平的巩固与提高以及其他生物能力(即运动素质)的发展才能实现。这是动作速度训练的特殊之处。

由于速度素质不易转移，因此在动作速度的训练中，专项要求不同，动作速度训练的具体任务和内容也不一样。例如，在非周期性速度力量项目中，动作速度主要是在具体的技术动作中表现出来(如抓举的发力，标枪的出手，跳跃项目的蹬地等)。在这类项目中，动作速度(特别是负重情况下的动作速度)的培养与速度力量的培养任务是一致的。这类项目如果负重练习比例越大，重量越重，那么速度的训练与力量的训练之间的联系就越紧密。同时，动作速度与动作技术的关系也更密切。在周期性项目以及由许多综合性动作组成的项目中，必须多次在高速度的情况下来完成许多单个动作的组合。因此动作速度的培养就与速度耐力（以及协调性、柔韧性）等素质的培养任务联系在一起。在那些并不直接依赖极限速度的项目中（如球类等项目），则必须使动作速度在其他能力发展的同时得到提高，这是动作速度提高的物质基础，也是提高动作速度水平的重要保证。

（一）动作速度训练方法

1.“加速”动作法

大多数速度练习都包含有从静止到最大速度的“加速”阶段。例如，铅球投掷中的滑步，田径跳跃项目、技巧和体操支撑跳跃中的助跑，举重运动中的发力动作等。促使动作不断加速，并把加速阶段引入主要练习，是提高动作速度的重要途径。根据牛顿第二定律，力（F）等于质量（m）乘以加速度（a），即 $F=ma$ 。因此，力量的增加可通过改变质量或加速度两个因素中的任何一个而获得。在质量一定时，提高运动速度，能够有效地增加力量，从而促进动作速度的提高。举重运动的实践与理论研究证明，近 40 年举重世界纪录提高了近 30%，这除了与力量训练方法不断创新有关外，另一个不可忽视的因素就是动作速度的不断提高。例如，20 世纪 50 年代抓举发力后的杠铃上升最大速度为 1.8m/s，而 20 世纪 80 年代则达到了 2.5m/s；挺举上挺发力后的最大速度则由 1.67m/s 上升到 2.27m/s。特重量级（110kg 以上级）的挺举世界纪录则由 20 世纪 50 年代末的 200kg 提高到 266kg。因此，训练中应努力提高动作速度，同时在一定情况下采用合理的辅助加速动作，并把它引入练习的最后阶段。例如，推铅球最后出手前的附加转体；在体操支撑跳跃中，采用起跳后触悬挂物体来增加蹬地的动作加速度等。

2.减少阻力法

减少阻力法即减少外界自然条件阻力和人体本身体重阻力的练习。例如，在自行车、速度滑冰等项目的训练中，可由摩托车带着挡板领骑；或利用风力进行顺风骑、顺风滑、顺风跑、顺水游泳等。还可以利用把运动员自身的动作惯性转移到速度上去的外部条件（如下坡跑、下坡骑自行车等）来提高运动员高速运动的感觉能力，也可在训练中引入可控制速度大小的外部力量（如牵引跑或高架牵引机等）。在克服自身体重的练习中，还可采用助力来减轻运动员体重，以帮助运动员提高完成某一技术环节的动作速度。例如，在体操等项目中可由教练员或同伴使用手的助力或保护带对运动员提供直接的体力上的帮助。在使用助力时，应注意掌握好助力的时机和用力的大小。最好在助力的同时用语言加以刺激，让运动员能很好地体会和感觉到助力，以便及早地独立达到动作速度的要求。另外，在负重练习中，减少重量大小，在普通条件下促使动作速度不断提高。因为在同一练习中，如果动作结构相同，则能使力量和速度之间产生良好转移。

3.利用后效作用法

利用后效作用法即利用动作加速及器械重量变化而获得的后效作用提高动作速度。例如，在跳高训练中，先穿沙背心或沙袋进行负重跳可获得重量减轻后的后效作用；利用下坡跑可获得加速的后效作用；在推标准铅球之前可先用加重铅球做练习而获得重量减轻后的后效作用。这是由于在第一次动作完成后，留下的“惯性”作用，可以提高下一个动作的速度。此外，由于在第一次动作完成后，神经中枢的“剩余兴奋”在一定时间内还保持着运动指令，从而可以大大缩短动作时间，提高动作速度。这种后效作用的产生和练习效果，取决于负重的大小和随后减轻的情况，以及练习重量的重复次数和采用标准的、加重的、减轻重量的练习交换的次序和比例。例如，用增加重量的铅球练习后，再用标准重量的铅球练习，两者练习次数的合理比例为 1∶2～1∶3。

在用标准重量的铅球练习后，再用减轻重量的铅球练习，两者练习次数的比例为 1∶1。在训练中，把加重、标准、减轻重量的动作速度练习组合在一起，正确的安排顺序为加重＋标准＋减轻。在短跑训练中应该是先上坡跑，然后是水平跑道跑，最后是下坡跑。

4.负重练习法

绝大多数运动项目所需的动作速度，都与力量水平有着极为重要的关系，因此，发展动作速度必须与发展力量结合起来。在运用举重物做专门性动作速度练习时，采用的重量应比培养单纯力量和速度力量时的重量轻一些。为了对速度和速度力量能同时产生影响，也可以把各种负重和不负重的专门练习结合在一起进行练习。另外，由于有些运动项目比赛中专项动作不附加重物，专项力量和速度是同时出现的，因此当采用专项动作本身作为练习手段时，一般不要负重，这样可使专项力量和动作速度更加有机地结合在一起，从而使动作速度在比赛动作中更完美地表现出来。

5.完善技术法

动作速度的提高，在很大程度上取决于完善的运动技术。这是因为动作幅度大小、工作距离长短、训练工作时间多少、动作的方向、角度及用力部位等都与动作速度大小有着极为密切的关系。

6.加大练习难度法

加大练习难度可以通过缩小练习完成的空间、时间界限，限制场地活动条件等方式进行。运动活动中动作速度表现的平均水平和快速动作的完成，主要受专项活动持续时间和场地活动条件等的影响。因此，在培养动作速度的过程中，可以限制练习的时间、练习完成的空间条件，使运动员以最大速度完成动作，从而提高训练效果。此外，在球类和一对一的对抗性项目中，限制场地活动条件和练习时间，还能促使运动员加速移动，并提高运动员完成动作的速度。

(二)动作速度训练的要求

1.确立高度重视速度的指导思想

根据力学的抛射原理，人体运动的高度（H）和远度(S)都与腾起(或器械出手)的初速度(v_0)的平方成正比。这说明速度是决定运动成绩的主要因素。现代运动技术正沿着这个原理的方向不断发展。例如，跳跃从以“可控制速度助跑”变成了以最高速度助跑，投掷则要求最后出手动作尽量快。再如，20 世纪 60 年代我国乒乓球运动员曾以“近台快攻”打法称雄世界乒坛；中国女排各种各样的快攻战术有力地推动了世界排球运动的发展；体操中空翻周数越来越多，转体角度越来越大，要求动作速度越来越快等。可以说，所有项目运动员的训练，都必须结合专项特点及技术变化，高度重视速度能力的培养。所以动作速度的训练，必须首先确立高度重视速度训练的指导思想。

2.专项练习必须与专项特点及比赛动作结构相似

运动实践证明，动作结构不相同的练习，所获得的动作速度不会向专项中转移。例如，短跑练习可使体操支撑跳跃助跑速度得到提高，但不可能由此而获得器械上的旋转动作速度。这是因为动作速度、具体技术和植物性神经系统的活动之间没有必然的联系。可见快速动作能力仅仅是提高速度水平的前提条件，还需要通过专门的训练把快速动作能力同具体项目所特有的运动性和植物性功能的表现形式结合起来，根据项目特点和技术动作的要求加强感受器官与运动器官一致性的训练。例如，短跑起跑反应练习应把听觉与双腿用力结合起来；拳击与击剑运动应把眼看对手动作与自己的手臂动作结合起来；球类运动的反应练习应把目测与四肢运动结合起来。这样通过长期反复的专门训练，既可以提高反应速度与动作速度，又可以掌握正确的技术，有了正确的技术，才能更好地发挥速度能力，协调机制相似的练习，所获得的速度就会向专项需要转移。例如，在短跑中获得的速度，可以转移到跳跃的助跑起跳和投掷的蹬腿动作上；在篮球的快速运球与传球推进练习中所获得的速度，可转移到突破上篮与快攻中去。因此，采用专项特点及比赛动作结构相同、协调机制相似的专门练习与完整练习，对发展动作速度最为有益。在练习中都必须以接近于当时所能达到的最高动作速度反复进行，在简化的条件下应该做得更快些，在加大难度的条件下也要尽可能快些，以获得必要的速度储备。

3.练习的持续时间不宜太长，并且要掌握好练习的间歇时间和休息方式

由于动作速度训练强度较大，同时也要求运动员有较高的兴奋性，使整个练习接近最后时都不因疲劳而降低，因此，练习的持续时间一般不应超过20s。另外，还要严格掌握好练习的间歇时间和休息方式。因为休息间歇的持续时间决定着中枢神经系统兴奋的转换及与氧债的“偿还”有密切关联的植物性功能指标的恢复。休息间歇时间一方面应该短到神经兴奋性不会因休息而产生本质性降低的程度；另一方面又应该使间歇时间长到植物性功能指标能得到较全面恢复的地步。

4.应熟练掌握练习动作

采用已熟悉掌握的练习动作，可以使运动员在完成练习时，不必把精力用在如何完成动作上，而是集中在完成动作的速度上，以充分提高练习时的动作速度。

四、移动速度的训练

(一)移动速度训练的方法

移动速度在某种意义上说也是一种综合运动能力的表现，与运动员的力量、柔韧、速度耐力和协调性有着极为密切的关系。发展移动速度可采用以下方法。

1.发展力量法

发展力量是提高移动速度的途径之一。短跑运动员经常进行力量训练，但是这种力量训练的目的是为了提高运动员的速度素质，力量训练只是手段而已，最终目的是把运动员所获得的力量用于提高移动速度。国外有关专家发现，在短跑运动员100m成绩由10.9s提高到10s的诸因素中，爆发力的提高占25.57%的作用，最大力量的提高占12.34%的作用。因此，提高力量水平特别是爆发力水平对发展移动速度极为重要。在具体训练过程中应注意以下几点：

(1)通过力量训练，运动员的力量素质能得到较为均衡的、全面的发展。

(2)力量训练时，应要求运动员以较快或很快的速度重复某一负重的力量练习，使其获得较好的速度力量，以促进移动速度的提高。

(3)通过力量训练提高防止外伤的保护能力，尤其对运动员膝、踝关节的力量训练是非常重要的。

(4)进行基本力量训练时，主要采用40%～60%的强度多次快速重复负重练习，使肌肉力量和肌肉横断面增大。另外，有时适当采用极限或次极限负荷对发展移动速度也是必要的。

(5)在发展基本力量的同时，应着重发展速度力量，可采用超等长的力量练习，如立定跳远、三级跳远、三级跳箱练习(用单足跳上、跳下)、单足跳下台阶以及用最大速度做垂直跳30s、单足跳30～50m等。在训练实践中，运动中力量的提高要转化到移动速度上，往往是在力量训练负荷减少以后出现的(即“延缓转化”现象)。力量向移动速度转化一般要经过2～6周时间，并在以

下几种情况出现后才能实现。第一，在跑的时候感到有一种“力”贯穿于全身；第二，跑起来富有弹性感；第三，产生一种有力的跨度感；第四，跑完后或在跑的后程，肌肉酸疼感大大减轻。

2. 重复法

重复法是指以一定的速度，多次重复一定距离的练习。它是移动速度训练最基本的方法。采用重复法练习时应注意以下问题：

(1)练习强度。它是训练负荷的主导因素，也是提高运动员快速移动能力的主要刺激因素。当采用90%～100%的强度进行速度练习时，运动员要高度集中注意力，最大限度地动员肌肉力量，使动作频率加快，幅度变大，达到最高速度水平。还可定期采用专门的人工装置，如牵引机、流体动力游泳池、自行车计功器等，使短跑、游泳、自行车等项目运动员以超过自己最高速度5%～10%的速度进行练习，使运动员以最高强度完成动作并力争适应新的、更高的速度。哈勒(1971年)指出，每次训练课上最大强度刺激为5～6次，而在比赛阶段应为每周2～4次。移动速度训练也不能只局限于最大强度和接近最大强度的练习，在很多情况下往往要采用85%～95%的强度，这样可保持ATP供能，延长训练时间，防止运动员过早出现疲劳或产生外伤；还便于改进和巩固动作技术，防止过早出现“速度障碍”。训练强度应该是变换的，有节奏地变换训练强度，不仅可以提高速度，而且有助于更轻松省力地完成动作，避免动作速度稳定在同一水平上。与变换训练强度相反，若固定训练强度，过多或单一采用极限与接近极限强度的练习，或长期而单调地采用偏低速度训练，会限制运动员速度水平的提高，形成速度障碍，导致旧的动力定型更加巩固，绝对速度水平停滞不前。

(2)练习持续时间。每次练习的持续时间不能太长，应保持在30s以内。博姆帕(1987年)认为，与其他训练要素一样，训练的刺激持续时间也应达到最佳化。最低持续时间应从起动到加快至最高速度所需的时间。如果持续时间过短，未能达到最大速度，那么训练的结果只能是改善了加速度阶段，而未能获得最佳速度。提高绝对速度训练的持续时间一般在5～30s，如田径中跑30m，60m，100m，200m，游泳15m，25m，50m，速度滑冰100m，150m，200m等。较长的练习持续时间有助于提高无氧耐力，但由于工作能力降低，一般不能保持最大速度。在20s以内的短时间练习期间，人体无氧代谢主要靠ATP和CP直接分解供能，所以不会出现工作能力过分降低的现象。速度训练持续时间还应根据运动员的具体情况，特别是保持最大速度的能力来确定，当疲劳出现、工作能力下降、不能继续保持最大速度时，应停止练习。

(3)练习重复次数与组数。与耐力训练相比，移动速度训练消耗的总能量较低，但单位时间的耗能量却比其他形式的训练高得多，这也是移动速度训练时运动员很快出现疲劳的原因。因此，练习的重复次数不应过多，练习的重复次数过多，间歇时间有限，就会使训练强度下降。为保证训练时间，可适当增加练习组数。即通过较多的练习组数，保证训练的总时间。哈勒(1971年)指出，采用最大和超最大强度训练时，可以安排2/3～2倍的比赛距离，总负荷量为比赛的5～15倍。

(4)间歇时间。应以运动员机体相对得到完全恢复为原则，使运动员在下一次练习开始时，中枢神经系统再度兴奋，机体内物理化学的变化在很大程度上已经得到中和，以保证下次练习的高能物质供能。如间歇时间过短，机体的疲劳没有消除，高能物质没有恢复，就会使训练效果发生改变，导致下次练习的强度下降，移动速度水平提高受到影响。间歇时间的长短与训练水平、练习强度和训练持续时间有关。如果练习的持续时间短，则休息时间就应相对地短一些；如果练习的持续时间长，则休息时间也应相对地长一些。

从训练实践看，练习持续时间为5～10s，各次练习间休息1～2min，组间休息2～5min；若练习持续时间为 10～15s，各次练习间休息 3～5min，组间休息 10～20min，休息时可采用放松慢跑，各种伸展练习、按摩等恢复手段，为完成后续练习创造适宜的条件（见表 3.2）。

3. 综合性练习法

综合性练习法是把发展运动素质和改进技术结合起来训练的方法。黄向东（1988 年）指出，通过发展运动素质和改进技术来培养速度能力主要可采用以下程序：

（1）肌肉建设性训练。主要采用 40%～60%强度的多次重复负重练习，使肌肉力量和肌肉横截面持续增大。

（2）肌肉内协调性训练。肌肉内协调性训练使肌肉用力时能够最大限度地动员更多的肌纤维同时强力收缩，主要采用 75%～100%的大强度训练法以及跳深、负杠铃蹲跳等练习。

（3）"金字塔式"训练法。"金字塔式"训练法是肌肉建设性和肌肉内协调性两者兼顾的训练。

（4）柔韧素质训练。美国生理学博士布莱恩·托马斯（1984 年）的研究证明，柔韧性提高后可以增加力的作用范围与时间，导致运动速度增加，同时能使肌肉协调性得到改善，从而减少肌肉阻力和增大肌肉合力。因此，经常采用发展筋关节柔韧性的屈体手触地、弓步肩后仰、胶皮带提大腿后蹬送髋等练习，对移动速度的提高具有积极作用。

表 3.2 速度练习的持续时间、强度、间歇

练习目的	练习持续时间/s	强度/（%）	间歇时间/s
提高绝对速度	90～120	95～100	40～90
	40～120	95～100	40～60
	30～90	90～95	30～45
提高出发效果	5 以上	95～100	90～120
提高转身效果（游泳）	6 以下	95～100	40～120
		95～100	30～90

（5）通过改进技术发展移动速度。移动速度的提高在很大程度上取决于完善的技术。技术动作的幅度与半径大小、工作距离长短、工作时间多少等均与移动速度大小有关。只有掌握正确合理的技术，善于轻松协调地完成动作，没有多余的肌肉紧张，才能充分发挥已有的速度水平。例如，中国田径队短跑组通过改进支撑腿蹬伸过直，腿前摆速度太慢，着地消积等技术，由以前的后蹬型转变为快速摆动型，每次训练课中把注意力集中到快速前摆和积极着地上，并采用"跑格"（跑小于本人步长的格距）发展步频，经过两年左右的训练，郑晨的途中跑技术有了改进，步频从跑 10.43s 的 4.46 步/s 提高到 4.55 步/s，以 10.28s 打破亚洲纪录（注：20 世纪 90 年代以前，人们认为短跑的后蹬技术很重要，应充分后蹬。科研人员经过大量研究后认为：在支撑阶段，刘易斯、乔伊纳等世界一流选手仅用了 0.08s，不可能进行后蹬。因此提出："短跑不是后蹬，而是一个多圆心、多半径的摆动动作。"）。需要指出的是，通过改进技术发展移动速度的练习与单纯改进技术的练习的不同之处在于，应对速度提出更高要求，在多数情况下应超过单纯改进技术时的练习速度。

4. 发展步频步长的领先装置法

步频和步长是影响移动速度的两个主要因素，只有高步频和大步长相结合才能表现出高水平的移动速度。影响步频和步长的共同因素是力量和协调性。除此之外，影响步长的因素有腿长、柔韧性、后蹬技术;影响步频的因素有肌纤维类型和神经系统的灵活性。在五个因素中,只有柔韧性和后蹬技术通过训练较容易得到改善,而其他三个因素则主要取决于遗传。遗传因素通过后天的训练是很难改变或者只能产生极微小的变化。因此,对有一定训练水平的运动员,如果步频尚未达到理想的程度,那么,提高步长则是提高移动速度的有效途径。运动员的步长可达到本人身高的1.3倍。少年时期是发展步频的有利阶段,男性少年(11～12岁)的步频可达到3.96～5.17步/s,在训练中要充分利用这段时期,对专项能力进行必要的强化。

目前,短跑训练中通过创造人为条件发展步频、步长的手段很多,如,牵引机、加吊架的领先装置、转动跑道、惯性跑道等。苏联体育科学研究所生物力学实验室对使用领先装置的效果进行了实验研究,证明采用领先装置训练能保证短跑技术的改进,可使跑速提高10%～15%。在使用领先装置练习后的某一期限内,步频保持不变,步幅有所增加,从2.12m提高到2.16m;反复使用领先装置的长期效果是在将步长从2.17m缩短到2.09m的情况下,使步频从4.2m/s提高到4.40m/s。此外,其他许多发展步频或步长的专门练习,对提高移动速度均具有促进作用。

5. 比赛法

比赛法是速度训练中经常采用的方法。例如,苏联速度类项目的高水平运动员仅正式比赛一年就达100次以上。由于移动速度训练时间短,经常采用比赛法是可行的。此外,由于在平常训练的条件下,运动员有机体表现出最大限度的移动速度水平并不容易,而采用比赛法能促使运动员情绪高涨,表现出最大速度的可能性就会增加。比速度、比技术、比成绩等方式可以起到激励斗志、鼓舞情绪的作用。在比赛的条件下,运动员往往能比平时更快地做出反应,完成快速移动。

6. 接力跑和游戏法

与比赛法的作用一样,接力跑和游戏法不仅可以激发运动员高涨的情绪,还能增加练习过程中的趣味性,避免不必要的肌肉紧张。同时,由于接力跑和游戏过程中能引起各种动作和速度变化,因此,适当安排接力跑和游戏法,还有利于防止和克服因经常安排表现最大速度的练习而引起的"速度障碍"。

(二)移动速度训练的要求

1. 要防止和克服"速度障碍"

移动速度提高到一定水平时,由于神经-肌肉系统等发展到一个高峰,训练中长期形成的频率、步幅、节奏、技术等都达到一个相对稳定的状态并形成了动力定型,移动速度就会出现停滞,难以继续提高的现象,从而出现"速度障碍"。董国珍(1990年)对产生速度障碍的原因进行了总结并得出了以下结论:"产生速度障碍的客观原因是:从运动技能形成规律上讲,技能动力定型的形成,使得运动员在已掌握技术动作的空间特征上固定下来,在时间特征上稳定下来;从技能形成的机制上讲,神经过程的灵活性对速度性练习的作用比其他练习显得更为重要,而神经过程的灵活性训练是相当困难的;从能量供给上讲,肌肉收缩所需要的能量值的立方与肌肉收缩的速度成比例;从运动学上讲,运动员向前移动所克服的阻力与其前进的速度平方成比例。"产生障碍的主观原因是:过早地发展绝对速度,基础训练不够;技术动作不合理;训练手段单调、片面;负荷过度,恢复不好等。

为了防止和避免"速度障碍"以及削弱或打破"速度障碍",训练中应注意以下几点:

(1)对少年运动员应加强全面体能训练,提高全面身体素质水平,使运动员掌握好基本技术,扩大机体能力,不要急于过早过细地进行专项化训练。

(2)训练手段应多样化,可多采用一些发展速度力量的练习手段,并以不同的频率和节奏完成动作,建立中枢神经系统灵活多样的条件反射。

(3)发展肌肉力量与弹性,培养运动员轻松协调地完成动作的意识。

(4)采用极限速度训练时,应科学地规定运动负荷;采用极限速度练习后,应使肌肉得到放松,这不仅有利于尽快恢复工作能力,也有利于纤维工作同步化和肌肉群工作的协调性。

(5)采用减少外部阻力的练习。速度障碍一旦形成,如果仍采用同样的训练方法而不增加新的刺激,移动速度就很难提高。为了打破速度障碍,就必须采用更新的、更强烈的、更能提高兴奋程度的刺激。因为多次重复新的刺激会使运动员产生新的更快速度的动力定型,使速度随之达到更高水平。目前突破速度障碍的最有效方法就是减少外部阻力的练习,如,下坡跑、牵引跑、顺风跑等。苏联短跑运动员在训练中曾经广泛使用减少外部阻力的练习方法。奥巴留斯(1971 年)认为:下坡(坡度为 5°左右)跑的下坡段可使运动员的成绩提高 17%,在进入平道段后,可使成绩提高 13%。

2. 要预防和克服心理障碍

心理障碍是妨碍运动员发展快速移动能力潜力的重要因素之一。例如,认为自己的成绩已达到较高水平,再也不能提高了;觉得要战胜某位著名的短跑名将是不可能的事;认为自己要创造纪录已经无希望等。不去预防和克服这些心理障碍,移动速度就难以继续提高。要克服心理障碍,首先要培养运动员竭尽全力顽强拼搏、奋勇进取的勇敢精神和对于可能达到的目标的坚定不移的自信心;其次,可以在训练中经常安排或有意识地增加接力跑、集体游戏等练习,促使运动员在练习中发挥快速移动能力;再次,在训练中可以广泛采用比赛法,通过比速度、比成绩、比技术,激励运动员高昂的情绪和斗志,使运动员在比赛条件下更快地发挥速度水平;最后,在训练或测验中,还可以采用"让步赛",即让强手让出一定的优势给弱手,以促使运动员发挥最快的速度水平。

3. 应充分重视肌肉放松的重要作用

肌肉放松对速度的提高具有极为重要的作用。肌肉放松,张弛有度,就能减少肌肉本身的内阻力,增大肌肉合力,使血液循环旺盛。生理学的研究成果证明,肌肉紧张度达到 60%~80%时,血液流动就会严重受阻,动作就会失去协调性,已有的快速能力将无从发挥;而肌肉放松时,肌肉中血液流动情况大为改善,比紧张时提高 15~16 倍,血液循环旺盛,就能给参加活动的肌肉输送大量氧气,加快 ATP 再合成速度,并能节省能源物质,使机体储备有限的 ATP 得到合理利用,还可增加肌肉收缩前的长度。美国学者米·维苏茨对 50 名达到较高水平的短跑运动员进行了专门研究,他的研究结果充分说明了放松在短跑中的重要意义(见表 3.3)。

表 3.3　短跑成绩的提高与肌肉放松能力的关系

相关因素	60m	100m	200m
成绩提高幅度/s	7~6.4	11~10.9	21.5~20
最大爆发力/(%)	34.13	20.59	11.37
最大肌力/(%)	20.64	12.34	6.86
肌肉放松能力/(%)	19.58	21.26	46.32

注:成绩提高幅度中,浪纹线之前的数据表示提高前所用的时间,浪纹线之后的数据表示提高后所用的时间。

五、少儿速度训练

(一)少儿速度训练的要求

(1)根据动作速度和动作频率自然增长的规律,在训练时应在发展速度的同时兼顾到力量等其他素质的发展。因此,少儿7～11岁期间训练的重点应放在动作速度和跑的频率的安排上。从入学年龄起,就要充分利用一切能提高动作频率和动作速度的手段进行练习,练习中要采用适当的手段调动、提高和保持少儿对练习的兴趣和积极性,防止练习过程中因疲劳而产生的不良影响。

(2)12～15岁期间的练习,要在力求稳定已经获得的动作速度和动作频率的前提下,采用提高速度力量和肌肉最大力量的方法来培养速度。

(3)16岁以后,在防止产生“速度障碍”的前提下,其训练几乎与成人完全一样,可以用最大力量负荷和最高频率进行最高速度的训练,为防止产生“速度障碍”,练习的各种组成手段及指标应经常变换。

(二)少儿速度训练应注意的问题

(1)7～11岁阶段的训练应采用综合法,全面促进少儿有机体的发展,使影响速度素质的各种因素都得到较好的发展。可以灵活地运用规则简单的活动性游戏、球类活动、分段落跑,各种跳跃性练习、体操和技巧练习等多种手段,尽可能最大限度地提高反应速度、动作速度,并使动作幅度达到最佳幅度,使不参加工作的肌肉群最大限度地放松。

(2)12～15岁阶段是为今后提高专项成绩打好基础的重要阶段。因此,要充分注意运用发展肌肉力量和肌肉收缩速度的练习,直接发展速度素质练习,改进跑的技术和提高跑速的练习,各种跳跃性练习等多种手段,并充分利用依靠速度力量来提高速度这一途径。同时,由于本阶段是专项训练开始阶段,对不同项目的运动员应结合专项速度素质等来综合考虑。

(3)16岁以后的主要任务是提高专项速度。要避免进行狭窄的专项速度训练,稳定已达到的速度水平,防止“速度障碍”的产生。对非周期性速度力量项目的运动员也要防止和避免“速度障碍”。

第三节　速度训练技术动作

速度训练技术动作主要指发展反应速度、动作速度、移动速度的技术动作。这些技术动作又包括徒手练习、器械练习和组合练习三类。

一、发展反应速度的技术动作

反应速度与注意力的集中程度有关。发展反应速度以采用多种强度的信号刺激为宜,并且重复次数不宜过多,应以运动员的兴奋性不降低为原则。以下练习动作不仅能有效地发展反应速度,而且对动作速度特别是移动速度的提高也有积极作用。

(一)徒手练习

1.起动跑

两手撑地,两腿交叉成弓步状,听信号快速起动跑出;两腿做弓步交换练习时,听信号快速起跑。跑出距离为10～20m。练习3组,每组2～3次。

2. 蹲踞式起跑

按蹲踞式起跑动作做好起跑准备，听口令迅速起动跑出。练习 3 组，每组 3 次。

3. 站立式起跑

按站立式起跑要求，听口令迅速起动跑出 10～15m。此练习也可采用半蹲式起跑进行。练习 2～3 组，每组 2～3 次。

4. 变向起跑

背向蹲立，听信号后迅速转体成蹲踞式起跑接疾跑 20～30m。要求转体动作迅速，起跑符合技术规范。练习 2～3 组，每组 2～3 次(注：以下练习动作的组数、次数均与此相同)。

5. 仰卧起跑

仰卧于垫上，听到信号后迅速转体成俯撑后做蹲踞式起跑接疾跑 20m。要求动作迅速，起跑符合规范，可计时进行。

6. 前滚翻起跑

站立，听到信号后做前滚翻接蹲踞式跑 20m。要求动作迅速，蹲踞式起跑符合技术规范，可计时进行。

7. 起跑接后蹬跑

蹲踞式姿势准备，听到信号立即起跑接做后蹬跑 20m。要求起跑快，后蹬跑技术准确。

8. 高抬腿接跑

原地高抬腿练习，听到信号后迅速起动跑出 10～15m。

9. 倒退跑接疾跑

听到信号开始做倒退跑 5～10m，再听信号后急停接向前疾跑 10m。要求倒退时身体不得后仰，疾跑可计时进行。

10. 30m 计时跑

蹬踞式起跑，听到信号后进行全速 30m 计时跑，要求事先规定速度标准。

11. 起跑撞线

蹲踞式起跑，听到信号后疾跑 20～30m，接做冲刺撞线动作，可用竞赛方式计时进行。

12. 动作反应练习

练习前告诉运动员有多种动作，如，蹲下、起立、手触地、跳起等动作。可任意喊其中一个动作，要求运动员做出应答反应，也可连续喊一连串动作。可原地练习，也可在行进间练习。

13. 选择性练习

教练员喊蹲下或做下蹲动作时，运动员应站立不动；教练员喊向左转，运动员应向右转；或教练员喊 1，2，3，4 中的某个数字时，运动员做出事先规定的相应动作。

(二)器械练习

1. 手抓棒球

站立，持球手臂前平举，手心向下，然后手指张开使球自由落下，不等球落地持球手再次抓住球。要求球离开手后，不能翻转手臂去接球。连续进行 20～30 次，计算手抓住球的次数，可以左右手交替重复练习。

2. 高抬腿跳绳

站立，两手持绳，听到信号后做快速原地高抬腿跳绳，要求保持正确的高抬腿跑技术动作，连续进行 10～20 组用时 20s，计数进行。

3. 小步跑跳绳

站立，两手持绳，听到信号后做向前快速小步跑跳绳，连续进行10～20s。要求保持小步跑技术动作，手脚配合协调一致。

4. 捆沙腿高抬腿跑

两腿分别捆绑沙腿，开始慢跑，听到信号后做原地快速高抬腿跑30s。要求大腿高抬到一定高度，符合技术要求，计数进行。

5. 捆沙腿加速跑

两腿分别捆绑沙腿，由慢跑开始，听到信号做加速跑20～30m，行走返回，练习3～5次，计时进行。

6. 扶肋木后蹬跑

面向肋木站立，身体前倾，两臂伸直扶肋木。听到信号后做快后蹬跑。要求后蹬跑技术动作正确，腿后蹬时与地面保持50°的夹角，连续进行10～20s为1组，练习3～5组。此练习也可采用扶肋木高抬腿跑的形式进行。

7. 扶竿接力

距起跑线6m处一人扶竖立着的标枪或竹竿，听见信号后一人起跑前去扶竿，与此同时扶竿人向回跑至起跑线后拍击第二人手掌，依次连续进行。要求竹竿始终不能倒地。10人1组循环练习，3个循环为1组，练习2～3组。

8. 持铃高抬腿跑

两手各持一个1～2kg的哑铃，听到信号后做快速高抬腿跑练习。要求保持高抬腿跑的正确姿势，跑动速度越快越好。连续练习10～20s为1组，练习2～4组。

9. 对墙跑动踢球

侧对墙5m站立，听到信号后，平行于墙做快速跑动中的对墙踢球，连续进行30s。要求直线跑动、球在脚下不能有停顿，速度越快越好，重复练习60次。

(三)组合练习

1. 卧跳→折回跑

篮板下站立，听到信号后起跳甩手触篮板，接着下蹲成俯卧，接着迅速起立，再起手触篮板，连续进行6次。然后迅速冲跑到球场中线，并立即折回跑到端线，反复练习3～5组。

2. 小步跑变加速跑→计时跑

站立，做快频率行进间小步跑10m，听到信号后变加速跑20m，然后慢跑到标志物后，做加速跑30m，计时进行。

3. 高抬腿接加速跑→变速跑

原地高抬腿5s，听到信号后做加速跑20m，然后惯性跑40m，再接做30m加速跑。循环进行，绕400m场地1周为1组，重复练习3组。

4. 高抬腿接疾跑→快速起跳

原地高抬腿5～10s，听到信号后全速跑20m到起跳板，接做快速起跳动作，用运动跳远腾空步技术落入沙坑。要求速度快，练习3～5组。

5. 俯撑起跑接后蹬跑→冲刺跑

两手撑地，两腿伸直成俯撑姿势。听到信号后迅速起跑，然后做快速后蹬跑20m，跑到标志线处，紧接着做冲刺跑30m。要求后蹬跑、冲刺跑技术正确，重复练习3次。

二、发展动作速度的技术动作

发展动作速度时，应合理控制速度。从发展动作的快速能力看，以最快速度练习效果最佳。为了克服“速度障碍”，应适当控制最大速度练习。一般以慢→快→最快→快→慢的速度节奏进行练习。此外，提高其他素质(特别是速度力量)也是发展动作速度的途径之一。

(一)徒手练习

1. 快速力量练习

计时快速完成推倒立、臂屈、俯卧撑；计时快速完成两头起、背屈伸；计时快速完成引体向上练习；规定距离的快速爬倒立练习。上述练习要求速度快，可计时计数进行练习。

2. 纵跳转体练习

原地跳起转体360°或720°练习，连续进行10～20次。转体速度要快，可以计时进行，不要求起跳高度，连续练习2～3组。

3. 起跳快速转体

慢跑，三步助跑起跳，摆动腿屈膝上摆，空中转体180°～270°，起跳腿落地，要求起跳、转体速度越快越好。转体时身体没有屈体动作。练习3～5组，每组3～5次。

4. 快速翻转练习

连续毽子小翻，连续快速侧手翻，连续快速后手翻，在弹板上团身前空翻、后空翻等。要求动作正确，翻转速度快，连续进行。

5. 摆臂

摆臂方法和短跑摆臂技术相同。可以击掌或口令控制摆臂速度和节奏，可由慢→快→最快→慢练习。要求严格按短跑摆臂技术进行，注意动作节奏。

6. 跑动冲刺练习

中速跑距离120m，每跑10m做1次终点冲刺动作。要求冲刺动作迅速、果断，不停顿地连续进行下一点练习。

7. 快速弓箭步交换跳

弓箭步站立，上体保持直立，原地向上跳起做弓箭步快速交换腿跳练习。要求连续跳动时均保持弓箭步姿势。

8. 跑动跨跳

中速跑，每跑3步跨步跳1次，连续跨跳10次。要求摆动腿尽量向前摆出，速度始终如一。如固定距离可计时进行。每组练习3～5次，练习2～3组。

(二)器械练习

1. 投掷沙袋

两脚前后开立，用拇指和食指夹住沙袋，做原地向后引枪动作，然后快速挥臂将沙袋掷出。要求注重鞭打速度。沙袋重0.2kg，练习20～30次。

2. 脚传沙袋

两人相对站立，两脚夹住沙袋，原地跳起展腹屈伸小腿，将重0.5kg的沙袋传给对方。要求动作协调，摆腿速度越快越好。练习2～3组，每组对传20次。

3. 对墙掷棒球

投掷手持棒球，运用掷标枪交叉步助跑，快速挥臂将球向墙上掷出。要求技术动作运用合理，出手速度快。练习10～20次。

4. 连续掷棒球

背对墙15m处站立，两脚开立成体前屈，体前放置20个棒球。做单手连续从胯下往墙上掷球。要求掷出速度越快越好，球必须碰墙。练习2～3组。

5. 投掷铁球

投掷手将质量为0.3～0.5kg的铁球直臂置于体后，成引枪姿势，向前行走3步将铁球快速掷出。要求鞭打和出手速度快。练习2～3组，每组6～8次。

6. 快速挥臂

站立，头上方悬吊重沙袋，做原地扣排球动作，快速挥臂拍击沙袋20次。要求在动作正确的情况下，强调挥臂及鞭打速度。练习2～3组。

7. 拳击重沙袋

两脚前后开立，站于悬挂着的重沙袋前，以最快的频率做前后挥臂拳击沙袋动作。在10～20s内计算击沙袋次数，重复练习4～6组。

8. 掷铁棒

面对投掷方向，手持质量为0.5kg，长40cm的细铁棒，做掷铁饼的旋转和出手动作练习。要求旋转和出手速度越快越好。练习2～3组，每组5～7次。

9. 跳推体操棒

两手正握体操棒与肩同宽置胸前，两腿分别交替做前后开立跳，同时推举体操棒。跳推速度越快越好，可计数计时进行。

10. 快速挥臂击球

把球悬吊在距墙1m处，高度因人而异。原地站立，连续挥臂用手掌拍击碰撞反弹回来的球。要求击球时做出鞭打动作，连续击球速度越快越好。练习2～3组，每组20～30次。

11. 转身起跳击球

吊球悬挂在距墙2m处，高度因人而异。原地起跳，用手击球后，空中转体180°落地，接着转身起跳击球。要求再次击球前，吊球只能触墙1次，反复练习。

12. 跑动起跳用头触球

悬挂3个吊球，间距10m，高度适宜。在快速跑动中单脚起跳用头触球。要求动作协调，起跳速度快，反复练习。

13. 交叉步推铅球

侧对投掷方向，右手持2～5kg的铅球于肩部，右腿向左前方迈出，做快速交叉步推铅球练习。要求交叉步的移动速度快，推球出手速度迅猛。练习2～3组，每组6～8次。也可采用上步推铅球练习。

14. 交叉步掷球

投掷手持质量为0.5kg的实心球，加速跑6～10m后变侧交叉步跑3～5m，按掷标枪动作将球掷出。要求助跑节奏清晰，出手速度快。

15. 双手掷球

两脚前后开立成箭步，双手将质量为1kg的实心球举至头后上方。运用腰腹快速摆振和手臂力量将球向前掷出。要求出手速度快，反复练习。也可采用后抛球或后抛球快速转体的练习。

16. 持球往返跑

在相距10m处各置一个实心球。手持实心球，听到信号后向前疾跑，将手中实心球与地上实心球交换后返回。连续往返 3 次为 1 组，反复练习。

17. 快速哑铃练习

持质量为 1kg 的轻哑铃，做快速头上双臂屈伸、快速平推哑铃、快速旋转投掷哑铃和快速持铃挥臂等练习。要求速度快，动作符合技术要求。

18. 持竿助跑起跳

手持撑竿做 30m 加速助跑后接插穴起跳，悬垂摆体后落在沙堆上。要求助跑与起跳速度快，衔接协调。此练习也可采用持竿加速跑进行。

(三)组合练习

1. 快速俯卧撑接原地摆臂

站立，听到信号后开始做快速俯卧撑 10 次。然后迅速起立，两臂前后摆动 50 次。要求摆臂幅度适宜，整组练习速度越快越好，也可计时进行。反复练习 2～3 组。

2. 移动触吊球接扣球

相距 6m 悬挂两个吊球，与腰同高。从一端触球开始，往返移动用手触及两个吊球，连续触球 20 次。然后向前行走两步，上步快速挥上臂，吊球悬挂在一定高度上，手扣吊球 20 次。要求速度快，有鞭打动作，练习 3 组。

3. 跳推体操棒接掷沙袋→加速跑

双手持体操棒于胸前，两脚交替前后跳的同时快速向前平推体操棒，连续 20 次。然后用掷标枪的交叉步动作，将质量为 0.5kg 的沙袋向前快速掷出。紧接着 20m 加速跑，将沙袋捡回。练习 2～4 组。

三、发展移动速度的技术动作

发展移动速度的途径之一是提高速度力量水平，改进动作技术，消除多余肌肉紧张，使动作协调完善，并注意克服速度障碍。发展反应速度、动作速度的一些练习对促进移动速度的提高也有一定的积极作用。下面介绍发展移动速度的一些专门技术。

(一)徒手练习

1. 原地摆臂

两脚前后开立，根据口号或击掌声，做有节奏的前后摆臂 20s。要求节奏快、动作有力。也可采用计时计数摆臂、模拟摆臂、障碍摆臂、摆臂接加速跑等练习。

2. 高抬腿

站立，听到信号做原地高抬腿练习 20～40s。要求大腿必须抬至水平位置，三个关节蹬直，配合积极的摆臂。也可做行进间高抬腿跑、小步跑变高抬腿、高抬腿变加速跑练习。

3. 小步跑

站立，按小步跑技术做快频率行进间小步跑 20m。要求膝、踝关节放松，积极扒地，两臂协调配合，频率越快越好。练习 3～4 组，每组 3～4 次。也可采用小步跑接后蹬跑、小步跑接加速跑、快步走接小步跑等练习。

4. 后蹬跑

按后蹬跑技术要求做 40～70m 后蹬跑，然后过渡到加速跑 60m。要求后蹬跑时摆动腿前抬顶起，蹬地腿蹬直，手臂配合摆动。练习 2～3 组。也可采用起跑接后蹬跑、慢跑变后蹬跑练习。

5. 车轮跑

按车轮跑技术要求，做行进间车轮跑 50m。要求高抬大腿，向前将髋带出，落地时积极扒地，频率快。练习 2～3 组，每组 3～4 次。也可采用车轮跑变加速跑，车轮跑变大步跑练习。

6. 直腿跑

按直腿跑技术，跑出时摆动腿伸直，以足跟擦着地面向前摆动。要求动作协调，行进距离 20～30m。反复练习。

7. 加速跑

可采用上坡加速跑 60～80m，蹲踞式或站立式起跑后加速跑 20～40m，由慢到快逐渐地匀加速跑 60～80m 几种方式练习。要求逐渐加速，并高速完成练习。反复进行。

8. 快速跑

由站立式或半蹲式出发，一开始就像跑 100m 那样尽快发挥最大跑速，距离可分别为 30m，60m，80m。反复练习。也可和实力相当的队员一起做起跑接加速跑练习。

9. 加速到最高速度跑

加速从 1/2 最大速度至 3/4 最大速度直到最大速度跑 120～150m。也可采用分段快跑，如，30m 中速跑→30m 高速跑→30m 中速跑→30m 高速跑。要求加速明显，注意体会速度感。

10. 变速跑

采用加速跑→最大速度跑→惯性放松跑→加速跑→逐渐慢跑的方法练习。例如，50m 快跑→50m 慢跑→50m 快跑→50m 慢跑等。要求控制跑速，加速明显。

11. 顺风或下坡跑

利用顺风或一定坡度进行 60～150m 的练习。要求加大步幅，加快步频，反复练习。

12. 上坡跑

利用一定的上坡坡度快速跑。要求动作频率快，后蹬充分，摆动腿高抬。

13. 行进间跑

行进间跑 30m，60m，80m 等距离，并计时。要求快速踏上起点，跑时注意动作技术。

14. 固定步数跑

用事先规定的步数进行 30～60m 加速跑。要求步点准确，动作速度大而快，可计时进行。

15. 测验式比赛

采用蹲踞式或站立式起跑 60m，100m，200m 等距离测验。要求尽全力快跑。

16. 反复跑

数次或多次重复固定距离跑的练习。例如，采用 30m×3，40m×3，50m×3，60m×3 或 30＋40＋50＋60m 的快速短跑练习。由于反复跑强度大，每次练习之间应充分休息。

17. 中等强度跑

按中等强度跑 300～500m。要求控制好速度，按规定时间完成练习。

18. 不同强度反复跑

例如，采用 70%～85%强度，100～500m 反复跑；85%～90%强度，100～200m 反复跑；90%～100%强度，30～100m 反复跑。注意控制好休息时间，反复练习。

(二)器械练习

1. 负重高抬腿

两腿分别捆沙袋，开始慢跑，听到信号后做原地快速高抬腿跑 20s。要求大腿抬高到水平位，符合技术要求，计数。练习 3～4 组。

2. 牵引跑

用人或车进行牵引跑，或用牵引机进行练习。牵引时绳子或橡皮带拴在被牵引者的腰部，牵引速度根据运动员具体而定，做全速跑 30～60m。要求跑时注意后蹬，尽力跟上牵引速度。练习 2～3 组，每组 2～3 次。

3. 加大难度跑

在跑之前负一定重量进行跳跃练习，然后卸掉重量快跑 30～60m 距离。要求负重适当，重点是提高步频，同时加大步长。

4. 穿沙背心上下坡跑

穿沙背心，在坡度为 5°～10°的跑道上，进行 20m 上坡跑后立即转身下坡冲刺跑 30m，要求以最快速度完成，计时进行。沙背心的质量为 5～7kg，练习 3～5 次。

5. 前后摆小腿

单脚支撑站立，橡皮带一端固定，另一端拴住踝关节。大腿高抬，快速做小腿前后屈伸练习。手可扶物体，摆动速度越快越好。练习 2～4 组，每组 30～50 次。

6. 双人摆臂

两人前后站立，同侧手各握一条橡皮带。两人同时以最快速度和最大幅度做前后摆臂练习。练习 2～3 组，每组 50 次。

7. 双臂支撑扒地

站立于低双杠间，直臂支撑，以脚能触地为宜。两脚交替做前脚掌快速"扒地"练习。要求控制身体不能有太大摆动。反复练习。

8. 手持哑铃的短跑辅助练习

可采用持铃小步跑、持铃后蹬跑、持铃高抬腿跑、持铃前倒起跑、持铃 5 步单足跳接加速跑等练习，要求动作正确，哑铃的质量为 0.5～2kg，练习时尽量提高速度。重复练习 3～6 次。

9. 扶肋木的短跑辅助练习

例如，扶肋木高抬腿、扶肋木小步跑、扶肋木后踢腿和快节奏跑、扶肋木摆腿、单腿高抬摆动、扶肋木攻摆、扶肋木前攻栏练习等。

(三)组合练习

1. 让距接力跑

分成几个组进行 60～100m 等多种不同距离的让距跑，最快一个组在最后，最慢一个组在最前，进行接力跑。也可采用迎面接力，组成两个队进行让距跑。方法同接力赛和迎面接力赛。要求不得犯规和违反有关要求。

2. 组合跑

例如，采用(100m＋200m＋500m)×3 或 100m×4＋200m×3＋300m×2＋400m 等组合练习。组间间歇 10～15s。也可计时控制间歇。间歇时心率不得低于 120 次/min，否则应继续练习。

3. 牵引上坡跑接下坡跑

在坡度为 5°～10°的跑道上，做全速牵引上坡跑 30m，放松走回，重复练习 2～4 次，间歇 3min。然后做快速下坡跑 50m，可计时进行，练习 3～5 次。

4. 踏标记跑接拍踩跨步跳

在跑道上放 20 块颜色醒目的海绵块，距离根据需要确定，在海绵块侧画上标记。站立起跑，以最快速度完成脚踏标记。要求脚踏标记准确，重复练习 4 次。然后做行进间的快速拍踩跨步跳，每次腾空时同侧手拍打摆动腿外踝部。练习 3 组，每组 5 次。

5. 快节奏跑接加速跑然后跨步跳

原地快节奏跑 10～15s，听到信号后立即加速并以最快速度跑到规定的标志线，然后做快节奏跨步跳 10～15 步。重复练习 3～5 组。

思 考 题

1. 解释速度素质。速度素质的分类有哪些？
2. 决定和影响速度提高的主要因素有哪些？
3. 速度训练的基本要求有哪些？举例说明。
4. 如何提高各种速度？举例说明。
5. 少年儿童速度训练应注意哪些问题？举例说明。

第四章　耐力素质训练的基本理论与方法

内容提要

耐力素质是人体身体素质的重要组成部分之一，任何体育运动项目都必须具备相应的耐力素质水平。耐力素质是指人体在长时间进行工作或运动中克服疲劳的能力，也是反映人体健康水平或体质强弱的一个重要标志。本章介绍了耐力素质的概念、意义、分类，影响因素及耐力素质的生理学和锻炼方法，并针对青少年的身体发育特征，提出了青少年身体耐力素质练习的注意事项。

学习重点

本章的学习重点包括耐力素质的概念、分类，决定和影响耐力素质的主要因素，耐力素质的生理学基础，耐力素质训练的主要方法。

第一节　耐力素质训练概述

耐力素质是人体身体素质的重要组成部分之一，对于运动员来讲，任何体育运动项目都必须具备相应的耐力素质水平。

一、耐力素质的概念

耐力素质是指人体在长时间进行工作或运动中克服疲劳的能力，也是反映人体健康水平或体质强弱的一个重要标志。目前被大多数专家和学者认同的耐力素质主要包括有氧耐力和无氧耐力两种。

疲劳是指机体生理过程不能将其机能持续在一定水平或各器官不能维持其预定的运动强度。连续的体力或脑力疲劳使工作效率下降，这种状态就是疲劳，出现倦怠、困、不舒服、烦躁或乏力等不良感觉。

疲劳是一种正常的生理现象，在运动过程中出现了机体工作能力暂时性降低，但经过适当的休息和调整以后，可以恢复原有机能水平的一种生理现象。有机体经过长时间的活动，消耗大量的能量，必然导致工作能力下降，产生疲劳，疲劳的产生限制了运动的时间及水平的发挥，这是有机体的一种自我保护。但是，疲劳又是提高有机体工作能力所必需的，它是有机体机能恢复与提高的刺激物，没有疲劳的刺激，机体机能就不会得到提高。

疲劳的产生是由多方面的因素所造成的:长时间的活动后,体内能量物质大量被消耗,又得不到及时补充,于是产生疲劳;活动后某些代谢产物(如乳酸、二氧化碳等)在肌肉中大量堆积使肌肉收缩能力下降,造成肌肉疲劳;活动后血液中 pH 值下降,细胞体液水分和离子浓度以及渗透压发生变化,使内环境稳定性失调,从而导致疲劳;由于以上因素的变化,使皮层神经细胞能力降低,神经活动过程抑制占主导地位,形成大脑皮层的保护性抑制,出现疲劳。

根据不同的工作特征,疲劳可分为脑疲劳、体力疲劳和混合性疲劳。体疲劳是指人体在持续长时间、大强度的体力活动时,肌肉(骨骼肌)群持久或过度收缩而产生的疲劳;脑疲劳是指用脑过度而产生的疲劳;混合性疲劳又称综合性疲劳,是指身体、脑两种疲劳同时存在。不过在体育运动中,更值得重视的是体力上的疲劳。当疲劳出现时,运动速度、力量、神经肌肉的协调配合能力就会下降,从而导致灵敏性和动作准确性降低,妨碍技术水平的正常发挥,甚至会造成动作失败,影响运动成绩。因此,提高运动员克服疲劳的能力,在运动实践中非常重要。

二、耐力素质训练的意义

耐力素质是身体素质的重要组成部分,它是有机体长时间工作及其与疲劳作斗争的能力。耐力素质对每个人来说都不同程度地潜存着,但因人们的生活环境、劳动工作和身体状况存在着差异性,耐力素质因各自适应生活和工作的需要不断地发展和提高。

(一)耐力素质训练的生理学意义

世界卫生组织的材料表明,发达国家死亡人数中有一半死于心血管病,可见心肺功能的锻炼十分重要。心脏似生命的“马达”,从人的胚胎开始跳动,意味着生命的开始,直至动力不足停止跳动则生命终结。一个人的心脏按每分钟跳动 75 次计算,一天就要跳动 108 000 多次,一年就要跳动 3 888 万次。如果从青少年开始,我们就重视对心肺功能的锻炼,使心脏工作时,能增加每分钟心输出量,减少心跳次数,使心脏得到更好的休息,产生节省化效能。这样就能延长心脏的工作年限,由此对延长生命具有十分重要的意义。

(二)耐力素质训练的社会意义

从教育的社会效益而论,社会的发展,国家的兴旺发达,都希望学校培养出来的各类人才能长时间地为社会作贡献,而不至于过早地成为社会的负担。从 2000 年开始,国内著名高校诸多年轻专家学者因长期的疲劳而致死的报道屡见不鲜,由此引发了对社会人才身体健康的关注,由此看来,一个人的耐力素质水平,既是人体生存的需要,又是能长时间工作和提高工作效率为社会多作贡献的需要。所以,它是人们各项素质中最基础、最基本的素质。它作为体育的一项内容,无论是从发展身体的体育任务出发,还是从培养全面发展的合格人才的教育目的出发,都具有重要的意义。因此在学校体育中,应重视对它的教学与训练。随着人们生活水平的提高和物质文化生活的丰富,周末参加素质拓展训练的团队和家庭越来越多,通过自己感兴趣的体育活动来锻炼自己的耐力素质,人们也渐渐意识到耐力素质对人体健康的重要性,这是对自己的身体健康负责,也是对社会负责的重要表现。

(三)耐力素质训练的训练学意义

耐力素质是人体的基本身体素质之一。在田径运动中,耐力是机体长时间坚持运动的能力。耐力有助于对抗疲劳,延缓疲劳的出现,当肌肉工作引起疲劳时,动作速度、反应速度、灵敏性都会下降,良好的耐力素质能减少其他素质降低的程度,能较充分地发挥各种素质的作用。众所周知，耐力训练能培养人的坚毅、顽强、克服困难的意志品质，提高心脏、血管系统和呼吸系统的工作能力，使机体的新陈代谢旺盛，保持长时间协调、准确的工作能力。耐力素质在超长跑、中长跑、长距离游泳、自行车、滑冰、滑雪、划船等周期性运动项目中的意义是不言而喻的。耐力素质对其他项目，如摔跤、柔道等非周期性项目也有重要意义。许多项目的运动竞赛都要持续较长或很长的时间。运动员要在竞赛全过程中保持特定的运动强度或动作质量，就必须具备良好的耐力素质，就必须具备能与在持续运动过程中不断积累和加深的疲劳作斗争的能力。

(1)通过耐力训练，提高运动员的呼吸系统、血液循环系统的功能，从而提高抗疲劳的能力，抗疲劳能力越强，有机体保持持久的高水平运动的能力越强，这对创造优异成绩无疑是有利的。

(2)通过耐力训练，呼吸及心血管系统机能得到发展，血氧供应充分必定使机体能量物质的储备增多，使有关的生理、生化功能提高，这能促进及加速训练后消除疲劳的过程。机体快速恢复可以使训练间歇时间缩短，增加重复次数，有利于完成大强度、大运动量的训练任务。

(3)经过合理的耐力训练，运动员提高了抗疲劳及疲劳后机体快速恢复的能力，使大脑皮层中兴奋与抑制过程有节奏的交替能力也很快恢复与提高，再加上有充足的能量物质的供应，这都成为其他素质(力量、速度、灵敏等)发展的物质基础，从而促进了其他素质的发展。所以现代的运动训练中，在儿童、少年时期就逐步进行耐力素质的训练，改变了以往的传统观点。

(4)耐力训练还可以培养运动员坚毅、顽强、勇于克服困难的意志品质。这对运动员的心理素质的培养及技术、战术的发挥很重要。随着科学技术的发展，竞技场上人才辈出，现代的运动竞赛更为紧张激烈，运动员消耗的体能比以往更多，所以比赛不仅仅是比技术、比战术，很大程度上也是比体力、比意志。

所以说运动员如果没有良好的耐力素质，无论在体力上、心理上以及技、战术的发挥上，都是很难适应当今激烈的比赛需要的。因此，目前对运动员耐力素质训练的认识应提高到一个新的地位。

三、耐力素质的分类

(1)按运动时的外部表现，耐力素质可分为速度耐力、力量耐力和静力耐力等。

(2)按该项工作所涉及的主要器官，耐力素质可分为呼吸循环系统耐力、肌肉耐力及全身耐力等。

(3)按参加运动时能量供应的特点，耐力素质可分为有氧耐力和无氧耐力。

(4)按运动的性质，耐力素质可分为一般耐力和专项耐力等。

四、耐力素质的影响因素

耐力素质的发展主要受下列因素的影响与制约。

(一)神经过程的稳定性

在长时间的运动中，神经过程是否保持稳定，是决定运动技术动作在这一活动过程是否依然保持高度协调的重要因素之一。在耐力项目中，神经过程具有长时间的稳定性，将意味着神经机能对疲劳具有高度的抵抗能力。耐力素质要求大脑皮层兴奋与抑制有节奏的交替，最大限度地节省能量物质。提高神经系统的功能一方面是提高神经——肌肉的协调能力，使肌肉活动中减少无意义的能量消耗，另一方面也是提高神经系统对物质代谢的调节能力，这样才能使机体坚持长时间的活动。

(二)人体肌纤维的类型及其比例

人体骨骼肌中的红肌纤维是耐力素质的重要物质基础。红肌纤维收缩速度虽慢，但有氧代谢能力强，故能持久。耐力性运动项目的优秀运动员红肌纤维的比例达到80%～90%，所以红肌纤维占优势给发展耐力素质提供了物质条件。这说明：在氧供应充足的情况下，人体运动主要是红肌纤维及其内部的能量物质分解释能而起作用。

(三)最大摄氧量水平和氧利用率

最大摄氧量是衡量运动员有氧耐力的客观指标。氧是能量物质氧化释能不可缺少的重要物质。在以耐力素质为基础的运动项目中，氧供应充足与否完全决定着能量物质分解释能水平的高低。而氧供应充足与否，在很大程度上取决于最大摄氧量水平。人体最大摄氧量是由心、肺、血管系统的功能所决定的。

运动员对氧的利用能力也与耐力水平有关。据报道，经过训练的运动员可以用最大耗氧量的80%～90%进行活动，而且血液中的乳酸积累量相对不是很高；而没有经过训练的人，在用最大耗氧量的40%～50%进行活动时，体内就开始积累较多的乳酸。有专家研究发现，如果一个运动员的有氧耐力能从最大耗氧量的80%提高到90%，那么他10 000m赛跑成绩可提高3.79min。这说明运动员的有氧耐力水平与摄氧、输氧、氧的利用率的因素密切相关。

(四)能量物质的储备量

人体体内能量物质，尤其是糖原、游离脂肪酸的储备量，是决定耐力水平的重要因素。糖原储备是有氧耐力的物质基础。肌肉激烈活动时，能量来源首先是ATP(三磷酸腺苷)和CP(磷酸肌酸)。但这种供能只能维持6～8s，最长时间不会超过10s，如果继续活动，在氧供应不足时，体内糖(糖原或葡萄糖)可以在无氧情况下分解为乳酸以供应能量，以上的代谢供能属无氧代谢过程。如果继续活动，由于负荷强度下降，便开始进入有氧代谢供能过程。这时肌肉主要利用肌糖原在氧的参与下进行分解代谢，生成ATP供能，肌糖原被消耗，可由来自肝糖原的血糖予以补充，所以糖原储备量对耐力素质影响较大。此外，机体内的自由脂肪酸的分解代谢也是长时间耐力运动的重要能量来源。体内参与有氧代谢的各种酶的活性，也影响到运动员的耐力水平，酶活性越高，各种能源物质的分解速度越快，耐力水平也就越强。

(五)人体负氧债能力

人体负氧债能力的高低与人体抗酸能力、糖原无氧酵解能力、氧利用能力有关。一般地说，在氧供应不充分的情况下，糖原无氧酵解释放的能量越多，体内氧利用率越高，人体抗酸能力越强，人体的无氧耐力水平就越好。运动训练结果表明：进行系统无氧耐力训练，可以有效地提高上述诸种能力，使人体在缺氧状态下能够表现出高水平的无氧耐力。

(六)心理素质对耐力素质的潜在影响

除运动员的生理、生化等机能直接对耐力素质有影响外，运动员的心理素质对耐力素质的训练及发挥也起重要作用。运动员的意志力在耐力训练和比赛中非常重要，特别是在长时间训练出现疲劳的情况下，完成负荷更显得重要。在以强度为主的训练中，以及与较强的对手比赛中，体现得尤为突出。如果运动员的意志不坚强，怕苦怕累，在强手面前退缩、气馁，神经中枢就会缺乏强度的刺激，兴奋与抑制就会产生失调，就不可能保持训练及比赛所要求的强度水平。过去有许多实例已表明，人类有极大的耐力潜力，这种潜力必须通过运动员的坚强意志去战胜疲劳，才能得到最大的发挥。所以要成为优秀的运动员，必须具备良好的心理素质。

五、耐力素质的生理学机制

一个专业的运动员在耐力运动项目中的运动水平主要取决于三个生理学因素，即最大有氧代谢能力、血中乳酸开始堆积时的最高浓度、定量负荷下的运动能耗速率。它们共同决定了运动员维持长时间运动的输出功率的大小（如跑步、游泳等速度）。

1. 最大有氧代谢能力

在某种意义上，最大有氧代谢能力体现了有氧代谢系统的最高限度，它是身体各系统能进行有氧代谢的最高速率，虽然在此速率下，运动仅持续很短一段时间。

2. 血中乳酸开始堆积时的最高浓度

血中乳酸开始堆积时的最高浓度通常以最大摄氧量的百分率来表示，它决定了长时间运动能量消耗的速率。运动员的此项指标与其血液指标相一致。乳酸的堆积会导致疲劳，因此以超过该项指标所对应的供能速率来维持长时间的运动也就不可能了。

3. 定量负荷下的运动能耗速率

定量负荷下的运动能耗速率是指在一定负荷下运动的能量消耗速率。水平越高的运动员在完成定量负荷时表现出的运动能耗速率越低，因此，在相同速率下运动，他的速度就要更快。

既然运动水平主要取决于以上三点，似乎运动员运动水平的提高必然依赖于三者之一或更多因素的提高，实际的科学训练证明正是如此。因而，有效的训练方案应本着提高这些因素的目的来制订。

六、耐力素质训练的原则

第一，在耐力素质训练中，应先发展一般耐力素质，再重点发展专项耐力素质。

第二，耐力素质训练必须长期坚持，多年安排。例如，空手道初习者要具备相当的格斗耐力，训练水平需经过 6 个月以上的艰苦练习。

第三，耐力素质训练，要渐进地增加训练负荷的强度。要从一定的时间、距离和数量开始，逐渐增加练习时间、距离、次数和组数。例如，发展肌肉耐力的最佳方法，就是在力量素质训练时，在质量不变的情况下增加每组的练习次数和组数。训练中可适当安排一些接近极限负荷的耐力练习。

第四，耐力素质训练包括有氧训练和无氧训练（即人体在较短的时间内进行快速运动的训练方法），耐力素质训练是综合性的，在训练时，应根据不同的训练目的和训练课任务确定主次。

第五，耐力素质训练应视为对运动员意志品质进行培养和考验的有效方式。

七、耐力素质训练的对策

（一）要加强运动员呼吸能力的培养

耐力训练中要十分注意呼吸问题。坚持长时间工作所必需的氧气要通过呼吸来摄取，机体是通过提高呼吸频率和加深呼吸深度来吸取氧气的。一般来讲，没有参加过训练的人在长时间工作过程中，主要以加大呼吸的频率来满足供给机体氧气的需要，而高水平运动员则主要以加大呼吸的深度来改善对体内氧气的供给。在耐力训练时，应加强对运动员用鼻呼吸能力的培养，以减少尘埃和冷空气对肺部的刺激。各运动项目的运动员都应加强呼吸节奏与动作节奏协调一致的训练，呼吸节奏紊乱，就会使动作节奏遭到破坏，从而影响成绩。

(二)重视有氧耐力训练

耐力训练应以发展有氧耐力为基础，进一步发展混合代谢供能能力和无氧代谢能力为训练目的。高度发展的无氧代谢能力必须建立在高度发展的有氧代谢能力的基础之上，而耐力训练的核心是有氧能力的提高。要提高短时耐力水平，就必须提高人体的无氧代谢能力；要提高中时耐力水平，就必须提高有氧、无氧混合的能力；要提高长时耐力，就必须提高糖原，尤其是游离脂肪酸的有氧分解释能水平。这也是耐力训练必须遵循的基本原则。

(三)特别加强意志品质的培养

在耐力素质训练中必须注重对运动员意志品质的培养。运动员的意志品质在耐力训练中所起的作用是很重要的，意志坚强者比意志薄弱者耐力表现好得多。湿度过高、气压过低，对一个人的耐力也会产生较大的影响，抵抗这些不利因素也需要运动员有坚强的意志品质。

(四)少儿耐力训练的注意要点

掌握少儿耐力自然发展的趋势，根据运动素质发展敏感期科学地安排耐力训练。少儿耐力训练必须以有氧耐力训练为主。过早地进行无氧耐力训练，会严重地影响到他们的循环系统未来的功能水平。少儿进行耐力训练的内容和方式应是多种多样的，不应局限于长跑练习，可选用活动性游戏、球类运动、循环练习等。少儿进行耐力训练的基本方法为持续训练法等。

总之，耐力素质对于从事各个项目的运动员来说都是重要的基础素质之一。而对于那些以有氧代谢为主要供能来源的项目来说，其对提高专项成绩更有直接的意义。随着运动训练及竞赛的发展，对耐力素质的要求会越来越高，各项目运动员的训练都应足够地重视和进行耐力素质训练，进一步研究影响耐力素质发展的因素，提高耐力素质，从而提高专项成绩。

八、少年儿童耐力素质训练的几个问题

根据少年儿童心理生理特点，结合诸多教练与教师的运动与体育教学经验，在进行少年儿童耐力素质训练时，应注意如下几个问题。

(一)注意加强思想教育

当今，少年儿童大多是独生子女，他们是家庭中的宠儿，一般都缺乏吃苦耐劳的精神。而耐力训练的本身较为艰苦，需要有顽强的意志品质。因此，对少年儿童的耐力素质训练时要经常地、反复地进行思想教育，启发自觉训练的积极性，培养勇敢顽强、坚韧不拔的意志品质，培养刻苦耐劳、克服困难的精神。

(二)注意呼吸方法

在进行耐力训练时，由于儿童少年的大脑皮层对呼吸的调节机能较差，不注意呼吸的节奏，呼吸与动作往往不协调，特别在速度加快时更为明显。所以，要教会他们采用科学的呼吸方法。我们在教学中重点强调采用“二步一吸，二步一呼”或“三步一吸，三步一呼”的方法，经过一段时间的训练和练习，会起到很好的教学效果。

(三)注意以有氧耐力训练为主

有氧耐力是对心血管耐力而言的。由于儿童少年的心脏血管正处在发育之中，与成人相比，他们心脏的心肌纤维短而细，弹性纤维分布较少，心脏发育还不完善，心脏的容积、质量都比成年人小，从而心脏的收缩力较弱，心脏的搏出量和每分钟输出量都比成年人小。根据儿童少年心血管系统这一特点，耐力训练应发展以有氧耐力为主的训练，用以改进氧气输送系统和肌肉代谢系统的功能，发展心血管系统功能，逐步提高运动成绩。训练中如果过早、过多地进行无氧耐力训练，会使儿童少年心脏的心肌壁增厚，心肌增强，短时间内成绩会提高很快，但心腔较小，会缩短运动寿命，这是一种拔苗助长的做法。因此，训练应从长远观念考虑，不宜过早、过多地进行无氧耐力训练，注意少年儿童耐力素质的持续提高。

(四)注意控制训练的时间、强度和运动量

儿童少年在进行耐力训练时，运动时间不宜过长，运动量和强度不宜过大，必须严格地控制训练的时间、强度和运动量，因为儿童少年在安静时氧化过程比成年人旺盛，每千克体重消耗的氧量多，血红蛋白和肌红蛋白的含量比成年人相对少，紧张练习不能持久，耐力差。同时，在紧张练习时，儿童少年血乳酸含量较少，说明他们无氧代谢能量物质储备较少。所以，在耐力训练过程中，合理安排练习的时间、强度和运动量，因人制宜，会达到事半功倍的效果，提高耐力素质。另外，儿童少年在耐力训练时，应注意男女区别对待。同时，由于训练本身比较单调枯燥，儿童少年会对训练感到厌倦，易引起疲劳。因此，训练应注意采用灵活多变、有趣的训练方法，如，比赛法、游戏法等，提高学生的兴奋性和积极性，完成训练任务，提高耐力素质和运动成绩。

第二节　耐力素质的生理学基础及训练方法

一、有氧耐力素质的训练

(一)有氧耐力的生理学基础

1.最大摄氧量

有氧耐力主要涉及氧运输系统(呼吸、循环系统、血液)与氧利用系统肌组织的有氧代谢，这两个机能系统之一，或一齐提高和发展都可以增加有氧耐力。在训练初期最大摄氧量的增大主要依赖心输出量的加大，如再训练下去则主要依赖动脉脉氧差的增加。心脏的泵血机能往往构成影响最大摄氧能力发展的限制因素。肌组织进行有氧代谢的机能影响肌组织利用氧的能力，因而也必然影响有氧耐力。单位时间内，机体摄取并被实际消耗或利用的氧量称为摄氧量。有时把摄氧量也称为吸氧量或耗氧量，通常以每分钟为单位计量摄氧量。

目前已肯定认为，心输出量是决定 VO_{2max} 的中枢机理，而肌纤维类型的百分比组成及其氧化供能能力测定是 VO_{2max} 的外周机理。最大摄氧量是指运动每分钟能够吸入并被身体利用的氧的最大数量。最大摄氧量是人体氧运输系统及氧利用系统被动用达到最高水平时的耗氧量，它标志着人体有氧耐力的最大潜能。当人体进行长时间的剧烈运动时，每分钟摄氧量达到最高水平，称为最大摄氧量。

最大摄氧量的表示方法有绝对值和相对值两种。绝对值是指机体在单位时间(1min)内所能吸的最大氧量，通常以 L/min 为单位；相对值则按每千克体重计算的最大摄氧量，以 mL/(kg・min)$^{-1}$为单位。正常成年男子最大摄氧量约为 3.0～3.5L/min，相对值为 50～55mL/(kg・min)$^{-1}$；女子较男子略低，其绝对值为 2.0～2.5L/min，相对值为40～45mL/(kg・min)$^{-1}$。

无氧阈是指人体在递增工作强度运动中，由有氧代谢供能开始大量动用无氧代谢供能的临界点(转折点)，常以血乳酸含量达到 4mmol 时所对应的强度(单位：%VO_{2max})或功率(单位：W)来表示。超过这个临界强度(无氧阈)时，血乳酸浓度将急剧增加。未曾训练过的健康男子的无氧阈约为(55%～65%)VO_{2max}。优秀耐力运动员 ATP 可达 80%VO_{2max}。不少学者认为，VO_{2max}的值受遗传因素较大影响，可作为重要的选材指标。AT 受训练的影响较大，在耐力训练过程中，阶段性地测定 AT，可以判断有氧耐力的增长情况，据此调整训练计划。研究发现，以耗氧量表示的 AT 值每增加 1mL，10 000m 跑成绩可提高 200s。

2. 骨骼肌特点

研究表明：慢肌纤维的耐力强于快肌纤维，人体肌肉中两种肌肉纤维的数量一般情况不会发生较大的变化，但是经过长期系统的耐力素质训练可使慢肌纤维百分比提高并出现选择性肥大，同时还伴有肌红蛋白、线粒体及其氧化酶活性和毛细血管数量增加等方面的适应性变化。

3. 神经调节能力

长期进行耐力训练，能够提高大脑皮层神经细胞对刺激的耐受能力，能够改善各中枢神经间的协调关系，表现为运动中枢的兴奋与抑制过程更加集中。

4. 能量供应特点

耐力性项目运动持续时间长，强度较小，其能量绝大部分由有氧代谢供给。长期系统的耐力训练，可以提高肌肉有氧氧化过程的效率和各种氧化酶的活性以及机体动用脂肪供能的能力。

(二)发展有氧耐力的训练方法

1. 持续训练法

持续训练法是指强度较低、持续时间较长且不间歇地进行练习的方法。目前在中长跑和游泳训练中常采用长距离的持续性匀速练习，主要用于锻炼心肺功能和发展有氧耐力。

2. 间歇训练法

间歇训练法是指在两次练习之间有适当的间歇，并在间歇期进行强度较低的练习，而不是完全休息。

3. 高原训练

高原训练时，要经受高原缺氧和运动缺氧两种负荷，对身体造成的缺氧刺激比平原上更为深刻，可以大大调动身体的机能潜力，使机体产生复杂的生理效应和训练效应。

二、无氧耐力素质的训练

(一)无氧耐力的生理学基础

无氧耐力是指机体在无氧代谢(糖元氧酵解)的情况下较长时间进行肌肉活动的能力。无氧耐力有时也称为无氧能力。提高无氧耐力的训练称为无氧训练。

无氧耐力的高低，主要取决于：①肌肉内糖无氧酵解供能的能力；②缓冲乳酸的能力；③脑细胞对血液pH值变化的耐受力；④"动机"对耐酸性的影响。具体表现在：

第一，ATP－CP和CP的含量：人体在运动中ATP和CP的供能能力主要取决于ATP和CP含量，以及通过CP再合成ATP的能力。肌肉中的ATP和CP在10s内就几乎耗竭。

第二，糖原含量及其酵解酶活性：糖原含量及其酵解酶活性是糖无氧酵解能力的物质基础，糖无氧酵解供能是指由肌糖原无氧分解为乳酸时释放能量的过程。实验表明，通过训练可使机体通过糖酵解产生乳酸的能力及其限度提高。不少学者提出用运动后最大乳酸评价无氧代谢能力，他们发现最大乳酸值与多种无氧代谢为主的运动项目的成绩相关。

第三，最大氧亏积累：在剧烈运动时，需氧量大大超过摄氧量，肌肉能过无氧代谢产生能量造成体内氧的亏欠，称为氧亏。最大氧亏积累是指人体从事极限强度运动时（一般持续运动2～3min）完成该项运动的理论需氧量与实际耗氧量之差。

（二）发展无氧耐力的训练方法

提高无氧耐力的训练，大体上有两个途径：发展ATP－CP供能能力的训练；提高糖酵解供能能力的训练。

提高运动员无氧耐力水平可以通过以下几种方法：

1. 间歇训练法

间歇训练是发展无氧耐力最常用的训练方法，与有氧训练的间歇训练有区别。要考虑的因素如下：练习强度（需氧量应远大于摄氧量）；练习时间（运动时间要远超过乳酸能系统供能时间）；间歇时间的组合与匹配。

原则：要以运动中能产生高浓度的乳酸为依据。练习强度和密度较大，间歇时间较短，练习时间一般应长于30s，以1～2min为宜。

2. 缺氧训练法

缺氧训练是指在憋气或减少吸气的条件下进行练习的方法，其目的是造成体内缺氧以提高无氧耐力。缺氧训练不仅可以在高原自然环境中进行，而且在平原特定环境条件下模拟高原训练，同样可以获得一定的训练效果，如，低压舱（或减压舱）等。

三、耐力素质训练的基本方法

（一）耐力素质训练的一般方法

耐力素质训练的方法较多，而且各种方法都有其各自的特点。总的来说，这些特点基本上又体现在耐力素质练习过程中，在练习强度、持续时间、间歇时间与方式、重复次数等因素的组合与变化上。目前，常用的耐力练习方法主要有以下几种：持续练习法、重复练习法、间歇练习法、变换练习法、游戏与比赛练习法、高原训练法和循环练习法等。

1. 持续练习法

持续练习法是指在相对较长的时间里（不少于30min），以较为恒定的强度持续地进行练习的方法。持续练习法具有持续刺激机体的作用，有利于改善大脑皮层神经过程的均衡性，提高心血管系统和呼吸系统的功能，能较经济地利用体内储备的能量，有利于发展有氧耐力。持续练习法由于持续时间较长，又没有明显的间歇，所以总的练习负荷量较大。但是练习时的强度较小，而且比较恒定，变化不大，一般在60%的强度上下波动。练习对机体产生累积性的刺激比较和缓。持续练习时，内部负荷心率一般控制在140～160次/min的范围内为宜，优秀运动员可达160～170次/min。构成持续练习法的基本要素是重复练习的方式、时间与强度，在方式固定的情况下，练习的时间与强度可做相应调整，如，练习强度大，时间可缩短；练习强度小，则适当延长练习时间。

2. 重复练习法

重复练习法是指不改变动作结构和外部负荷表面数据，在相对固定的条件下，按照既定间歇要求，在机体完全恢复的情况下反复进行练习的方法。重复练习法能使能量物质的代谢活动得到加强，并产生超量补偿与积累，既有利于发展有氧耐力，又有利于发展无氧耐力。重复练习法每次练习的负荷量与强度可大可小，根据具体任务、目的而定。由于每次练习前均需恢复到原来开始练习前的水平，即心率在100～120次/min的水平上，故每次练习可以保证强度在中等偏大或极限强度(90%～100%)范围内，从而使有机体的耐力水平得到有效的提高。例如，长时间的重复练习，强度稍大于持续练习法，有利于有氧耐力的提高，而强度在90%以上的练习，则有利于无氧耐力的发展。

3. 间歇练习法

间歇练习法是指在一次(或一组)练习之后，按照严格规定的间歇负荷和积极性间歇方式，在机体未完全恢复的情况下从事下一次(或一组)练习的方法。间歇练习法与重复练习法较相似，主要区别在于间歇上的不同要求。重复练习法的间歇是采用完全恢复的间歇负荷和无严格规定的间歇方式(多以消极性的静息为主)进行的。而间歇练习法则是以未完全恢复的间歇负荷和积极性的间歇方式进行的。运动员总是在未完全恢复的状态下进行下一次练习，有明显的疲劳积累，对机体的刺激强度较大。间歇练习法间歇后心率一般在120～140次/min以上，明显高于重复练习法，但其练习强度因间歇负荷水平较高而无法达到重复练习法的水平。练习时一般心率在170～180次/min，负荷强度为70%～80%，有利于提高机体的心肺功能和无氧代谢能力。间歇练习法的持续时间与练习强度之间形成一种对应关系，强度大、时间少，强度小、时间稍长。据此间歇练习法可分为“低强度间歇练习法”和“高强度间歇练习法”。低强度间歇练习法也称非强化间歇练习法，其负荷在周期性项目中，一般为本人最大强度的60%～80%，在非周期性项目中为50%～60%，负荷持续时间为45～90s，此方法有助于发展有氧无氧混合代谢能力和专项能力。高强度间歇练习法也称强化间歇训练法，其负荷强度在周期性项目中一般为本人最大强度的80%～90%，在非周期性项目中为70%～80%，每次练习的时间因强度较大而相对较短，约1～15min。这种方法对发展速度耐力和专项耐力均有较大作用。在周期性项目中运用时，有时也可用小段落和短间歇的方式进行安排，这有助于提高无氧非乳酸的代谢能力。在练习时要严格掌握间歇时间和间歇的方式。当心率降低到120～140次/min时，必须及时让运动员进入下一次练习，心率处于不低于120～140次/min时，心脏每搏输出量和耗氧量达最大值，最有利于提高心肺功能。心率降到120～140次/min的时间，一般占练习后完全恢复时间的一半不到。如练习后完全恢复的时间为3min，那么未完全恢复的时间在1.5min之内。至于积极性的间歇方式可采用走、慢跑、活动性体操等形式，采用积极性的休息方式能对肌肉中的毛细血管起到“按摩作用”，使血液尽快回流心脏，再重新分配到全身，由此迅速排除机体中堆积的酸性代谢产物，以利于下一次练习。构成间歇练习法的基本要素有练习的数量、强度、间歇的时间与方式和重复次数等。不同的练习目的对这些要素的组合变化要求也不相同。如以周期性项目中跑的练习为例，发展一般耐力时，每次练习的距离要长，组数要多，中小强度；发展力量耐力时，负重量较轻、中等强度，练习次数和组数较多。又如可在练习中提高每次练习的强度（适用于周期性短跑项目和举重项目），增加重复练习的次数（适用于周期性长跑项目和球类项目）和调整间歇时间等基本要素，加大对运动员机体的刺激，贯彻超量负荷原理，从而提高有机体的机能能力。

4.变换练习法

变换练习法是在变化各种因素的条件下反复进行练习的方法。由于耐力练习比较枯燥，采用变换练习法可以在一定程度上提高运动员的练习兴趣和积极性，从而提高练习的效果。变换练习法所变换的因素一般有练习的形式、时间、次数与条件等，间歇的时间、方式与负荷等。以上因素只要改变其中一个因素，就会由于这一因素的变化对运动员机体造成负荷刺激的变化。因而变换练习法的核心是变换运动负荷。

变换运动负荷的形式一般有三种：第一种是不断增加负荷，第二种是不断减少负荷，第三种是负荷时增时减。在实际练习中究竟采用哪一种形式，应视具体情况而定。如要加大对机体的负荷刺激，就要增加负荷。如要提高机体对负荷刺激的适应能力，就应注意负荷的变化，时增时减。“法特莱克法”是变换练习法的一种特殊形式，也可以理解是一种由持续练习法和变换练习法综合而成的组合练习法。其特点是在各种变换的外界自然环境条件下进行持续、变速的跑的练习，时间长达1～2h，强度自我调节，有节奏的变化。例如，在草地、树林、小丘、小径等自然条件下，把快慢间歇跑、重复跑、加速跑和走等方法不规则地混合起来练习，跑的距离可为5～15km。法特莱克练习对练习的过程没有明确的限制，运动员可自由选择地形，自由确定速度和路线。因此，这种方法能使耐力练习变得较为生动，使得运动员在练习中能主动投入，积极进取，有利于发展一般耐力。

变换练习法可以提高运动员练习的兴趣和积极性，在运用时要注意贯彻循序渐进原则，各种因素的变换一开始不能太突然，以免机体短时间不能适应，造成受伤。

5.游戏与比赛练习法

游戏与比赛练习法是指运用游戏与比赛的方式进行练习的方法。这种方法能较快地提高运动员练习的兴趣和积极性，并在练习中充分发挥主动精神，使机体能够承受较大强度的负荷，有利于提高有氧耐力和无氧耐力。游戏法与比赛法是两种有紧密联系的练习方法，比赛法是从游戏法发展而来的，但练习强度大于游戏法。故儿童少年时期发展耐力的方法不采用比赛法，一般由玩耍性的游戏练习逐步过渡到带有比赛性质的游戏练习。生长发育过程基本成熟后，就可采用比赛法来加大练习的强度，从而提高专项耐力水平。发展耐力素质的游戏法有球类游戏和田径游戏，常用的比赛法有训练课中安排的“练习赛”和“对抗性练习”等。无论是游戏法还是比赛法，都容易激发运动员的练习热情，以至难以控制自己。因此，采用游戏与比赛练习法时，应控制运动员的热情，掌握好运动负荷，以免因过于兴奋和体力消耗过大而造成有机体损伤或机体工作能力下降。

6.高原训练法

主要利用高原空气稀薄，在缺氧情况下进行训练。这有利于刺激机体，改善呼吸及循环系统的机能，提高最大吸氧能力，刺激造血功能，增加循环血中红细胞和血红蛋白的数量，提高输氧能力，因而高原训练具有提高运动员对氧债的承受能力，进而提高有氧耐力和无氧耐力的水平。

7. 循环练习法

循环练习时的各站内容及编排必须符合专项特点的要求进行选择和设计，同时应根据“渐进负荷”或“递增负荷”的原则安排练习。以上所介绍的耐力练习方法基本上是单一类型。在实际发展耐力素质的练习过程中，往往还要采用综合练习法，即组合练习法和循环练习法。通过各种方法的综合排列，使得练习过程变化更大，更具选择性，从而有效提高耐力水平。

（二）发展有氧耐力

有氧耐力是一般耐力的基础，运动员有氧耐力的发展水平主要取决于三方面的因素，即供给运动中所必需的能源物质的储存，为肌肉工作不断提供ATP所必需的有氧代谢能力以及肌肉、关节、韧带等支撑运动器官承受长时间耐力工作的能力。因此，通过提高运动员的摄氧、输氧和用氧能力，保持体内适宜的糖元和脂肪的含量，以及提高肌肉、关节、韧带等支撑运动器官承受长时间负荷的能力，是发展有氧耐力的基本途径。有氧代谢能力是有氧耐力代谢活动的重要基础，在一定程度上能决定有氧耐力的水平。然而，有氧代谢能力又直接受到最大吸氧量的制约。我国优秀中长跑运动员最大吸氧量可高达70mL/(kg·min)左右，世界水平的运动员可高达80mL/(kg·min)左右。由此可见，最大吸氧量和有氧耐力之间紧密相连。所以，要发展有氧耐力首先要设法提高最大吸氧量，在耐力练习中提高最大吸氧量的主要训练手段是周期性练习，这些练习的强度必须控制在主要通过有氧代谢供能的幅度之内，这就涉及负荷安排问题。有氧耐力练习的负荷安排中，最主要的两个因素是练习强度与练习时间。

1. 练习强度

单纯发展有氧耐力的练习强度相对要小，一般说应低于最大强度的70%，并以有氧系统供能为主。练习强度通常可用心率负荷来控制。例如，一般运动员练习时可控制在140～160次/min之间，对训练有素的运动员可控制在160～170次/min之间。根据这个强度进行长时间的工作，可使有氧系统供能得到改善，心肺系统的机能水平、肌肉供血和直接吸收氧气的能力得到提高。由于人与人之间耐力水平发展不平衡，故发展有氧耐力的适宜心率可以用如下公式推算来确定：

适宜心率＝安静时心率＋(最大心率－安静时心率)×(60%～70%)

心率控制在这个水平，可使心血输出量增加，吸氧量达到最大值的80%左右。练习结果还能使心脏容量增大，有利于促进骨骼肌、心肌的毛细血管增生。例如，练习强度超过这一水平，心率达到170次/min以上，就会产生氧债，从而使练习向无氧代谢方向转化。但练习强度会低，心率在150次/min以下，提高有氧能力的有效性就会降低。在径赛项目的有氧耐力练习，练习强度的大小往往是由跑的速度来决定的，所以经常用无氧阈作为有氧练习的强度指标，用无氧阈进行练习可使人体有氧供能系统处于最大的负荷状态，发展有氧耐力最有利。目前，常用无氧阈的70%～90%作为发展有氧耐力的主要手段。不过，采用无氧阈度进行练习时要注意两个方面：一是无氧阈速度具有个性化特点，这是由于训练程度、机能力、代谢水平等个体化特征所决定的；二是无氧阈速度具有变化性，当训练水平得到提高，人体的适应性过程得到加强，与之对应的无氧阈速度也会发生变化。

2. 练习时间

有氧耐力的练习时间一般可根据训练水平而定，受过训练的运动员可长达2h，但至少也要维持20min以上。时间越长，对机体有氧代谢过程的刺激也就越大。同样，有氧耐力练习只有维持较长时间，才能使全身血量和红细胞增加，提高每搏输出量和机体的摄氧、输氧和用氧能力，达到发展有氧耐力的目的。

(三)发展无氧耐力

无氧耐力是专项耐力的基础。运动员无氧耐力的发展水平主要取决于三个因素：第一是无氧代谢能力，这是构成无氧耐力的最重要因素；第二是能源物质(ATP，CP，糖元)的储备；第三是肌肉、关节、韧带等支撑运动器官承受大强度工作的能力。因此，提高运动员的无氧代谢能力和肌肉活动时必需的能源物质储备以及支撑运动器官的功能，是发展无氧耐力的主要途径。无氧耐力可分为非乳酸无氧耐力和乳酸无氧耐力，二者区别主要在于能量机制不同。非乳酸无氧耐力的供能机制是三磷酸腺苷、磷酸肌酸的无氧分解，而乳酸无氧耐力的供能机制是糖酵解。

1. 非乳酸无氧耐力训练

间歇练习法是提高非乳酸无氧耐力的一种有效手段。一般采用90%～95%左右的强度，心率可达180次/min以上。这种强度可造成机体供氧、供能的很大困难，心舒张期明显缩短，冠状动脉供血不足，从而提高运动员承受“氧债”的能力。同时也能发展ATP，CP的有氧再合成水平和提高肌肉中肌红蛋白的含量。训练不采用100%的强度，这可保持一定的练习次数与组数，避免产生“速度障碍”，也有利于运动员掌握及改进技术。发展非乳酸性无氧耐力，一次负荷的持续时间一般为3～8s(20～70m跑、8～20m游泳等)，负荷时间超过8s，代谢性质就要发生改变，达不到发展非乳酸性无氧耐力的目的。发展非乳酸性无氧耐力训练的休息间歇，由于氧债的偿还速度相对较快，待机体氧债基本得到偿还时，就可进行下一次的练习，所以练习与练习间(次数间)的休息可相对短些，如，2～3min。组与组之间的间歇时间可相对长些，如4～5min，这是因为肌肉中有磷酸肌酸的储备量有限，在3～4次重复练习中差不多已耗尽，组间较长的间歇可促进能源物质的恢复。但间歇时间也不能太长，以免神经系统的兴奋性有本质的下降。练习的重复次数与组数，是以不降低中枢神经系统的兴奋性和工作的强度为原则。一般重复练习的次数比组数少些为宜，如重复练习3～4次，重复组数可达5～6组。

2. 乳酸无氧耐力训练

运动员机体是以糖酵解方式供能，在糖酵解过程中产生乳酸。由于乳酸的产生，改变了血液的酸碱度，使血液向偏酸方向变化，这可刺激机体，特别是神经系统，从而提高无氧耐力水平。为达此目的可以采用间歇练习法和重复练习法，负荷的强度应低于非乳酸无氧耐力训练，高于有氧耐力训练的强度，这个界限大约处于本人可以承受的最大强度的85%～90%，心率处于160～180次/min之间。由于人体产生乳酸的时间大约是机体剧烈活动35s以后，所以负荷时间应长于35s。为了使乳酸达到一定值，刺激机体能力的提高，应保持一定负荷的持续时间，该负荷时间可控制在1～2min之间。负荷间歇时间，有人做过试验，练习次数之间的间歇时间逐渐缩短比固定的间歇时间的效果要好。如第一次与第二次练习之间休息7～8min，第二次与第三次练习之间休息5～6min，其结果是乳酸不断增加。如果每次练习后都休息4min，结果乳酸上升比较少，甚至到后来还出现血乳酸下降的现象。这是因为血乳酸的最高含量不是在练习刚结束时，而是在练习停止几分钟后才出现，随着练习一次次重复，乳酸的最高含量的出现就逐步靠近负荷结束阶段。练习间歇应越来越短，所以重复次数不可太多，重复次数过多，加之休息时间又短，就必定会降低负荷的强度，达不到训练的目的。一般对有训练基础的运动员可安排4～5次、4～5组，对无训练基础的人要相对减少。组间的间歇时间应以能消除氧债为原则，大约15～20min。

(四)肌肉耐力的训练

发展肌肉耐力多采用克服自身体重或负重训练法,即让运动员承受一定的负荷,进行多次重复抗阻力的练习。影响肌肉耐力发展的因素主要是完成这些练习的负荷强度及重复次数或时间等。应根据各专项的要求,练习的方法可以采用动力性练习,也可采用静力性练习。对于耐力性运动专项,似乎与负荷强度大小关系不大,而与重复的次数或时间有着密切关系。即以小负荷强度,坚持较多的重复次数,也可以使肌肉耐力得到发展。所以发展肌肉耐力的原则是让运动员坚持达到再不能继续的极限次数为止。但是,在训练中应有一定强度要求,这是因为要有一定的负荷强度,以免由于负荷时间过长而浪费时间。在训练实践中常用中等负荷的强度,即能坚持重复13~18次练习的负荷。据有关资料,用最大力量的1/4以下的负荷进行力量训练时,参与工作的是红肌纤维,影响着耐力的发展。

根据各项肌肉工作的性质与方式不同,肌肉耐力练习的负荷特征也不同。具体安排可参考力量训练部分。运动员承受某一负荷强度的重复次数,在某些情况下与本人力量有关。如用较大负荷训练时,力量较大的运动员要比力量较小的运动员完成的重复次数要多;用力较小的负荷训练时,完成练习的重复次数多少与本人的力量关系不大。肌肉耐力训练,一般要在提高循环系统机能和呼吸系统机能的基础上进行。因为肌肉耐力的发展与肌肉毛细血管网的扩展程度有很大关系。因循环系统及呼吸系统机能的提高,肌肉毛细血管网扩展,有利于肌肉耐力的发展。

第三节　发展耐力素质的具体方法

在发展耐力素质时,一般注重肌肉耐力,有氧、无氧耐力的训练。以下根据教学训练的体会,提供一些发展耐力素质的方法,供教学训练时参考。

一、肌肉耐力练习

肌肉耐力练习的内容与力量练习大致相同,只是负荷的强度较小,练习持续的时间、反复次数要长与多些,具体练习应针对各运动专项的特点、要求,选择不同的练习、持续时间(或重复距离、次数)以及强度的要求。

常用的练习有:

(1)10~15min定时跑,在场地上,校园内或树林中,强度为55%~65%。

(2)6~8次变速赶超:在场地上排成两路纵队慢跑,听口令排尾突然加速跑至排头,所有人依次跟进做加速跑,强度55%~65%或加速跑中可进行变向“S”形跑。

(3)5次爬坡跑:在倾斜15°~20°的山坡进行上坡跑,重复5次,距离100~200m左右,间歇3~5min左右,强度60%~70%,一般耐力训练不要求跑速,用心率指标控制,维持120~140次/min,如加大强度,心率指标要求达到140~160次/min。

(4)5min变速跑,在场地内以50m分段做变速跑,如50m快,50m慢,或50m慢,100m快,60%~65%强度。

(5)中速往返跑,利用篮球场,沿底线听口令跑至对面底线,每组往返4~6次。重复3~5组,也可以采用侧身滑步跑,交叉步跑或踢腿跑。

(6)在田径场地或足球场内反复变向跑,听口令或看信号做前后左右变换方向跑。每次进行 2min，重复 3～5 组，组间间隔 3～5min，强度 55%～60%，变向跑的每个段落均为往返跑。跑出后返回起跑位置。每次至少完成 50m，间歇后心率恢复到 120 次/min 以下。

(7)100m 多人接力跑：在跑道上，将人数分成 5 组，每个直曲段站一组，采用击掌方式，进行接力跑每人总跑量约 400m，后返回原地。要求速度 8～10m/s，也可采用 200m 接力跑，分成 3 组完成，总跑量约 800m 或 1 600m。

(8)连续测滑步跑或侧身交叉步跑，前后交叉步跑等方法跑 100～150m，重复 4～8 组，不规定速度，但每次练习后心率指标在 130～150 次/min 之间。

(9)阶梯式变速跑：在场地内，采用阶梯式变速跑的方法，如 50m 快，100m 慢，100m 快，150m 慢等，总跑量可以在 1 500～2 000m 之间。

(10)原地练习：如做原地高抬腿跑、小步跑、车轮跑等，每组 100～150 次，做 5～6 组，每组间歇 2～3min。

(11)综合跑：在跑道上做向前跑、后退跑、左右滑步跑、前后交叉步跑等，每种方式 100m，每次跑完 400m 为一组，重复 3～5 组，每组间歇 4～5min，根据受训者具体情况定速度要求。

(12)正、倒交替跑：在跑道上起跑加速 200m 后接着做倒退跑 100m，不要求速度，至 100m 处做向后转身放松跑 100m，完成 3～5 组，每组间歇约 4～5min，强度 60%～70%。

(13)蹬冰模仿跑：在场地内模仿滑冰动作，向前做蹬跑练习 100m，走或慢跑放松 100m，每组 4～6 次，心率在 130～150 次/min 之间。

(14)左右侧交叉步走或连续半蹲走 50～100 步，做交叉步时，左腿向右侧交叉，右腿向左侧交叉。半蹲走时要求两手扶膝或半蹲姿势向前连续走，完成 4～5 组。休息时进行放松跑练习。

(15)长距离后蹬跑：要求前腿高抬，后腿蹬直，不同于跑。要求两腿交换速度要快。

(16)组合练习：小步跑 50m，高抬腿跑 50m，后蹬跑 50m，加速跑 50m。放松跑 100～200m 后做下一组，完成 3～4 组，心率在 130～150 次/min 之间。

(17)组合练习：快步走 100m，弓步走 50m，左右交叉步走 50m，快速高抬腿走 50m，半蹲走 50m，放松走 100m。完成 3～4 组，心率在 130 次/min 左右。

(18)两人追逐跑：两人一组，相距 20m 听口令后起跑，后边人追逐前边的人，400～800m 以内追上有效。追上后即停止练习，被追上者要求跑完全程。

(19)竞走追逐：在跑道上两人前后相距 10～15m，听口令开始做快速走，不能跑，每组 400m，追上后就停止，被追上者要求走完全程。

(20)快速转身追逐跑：在足球场或田径场上将学生分成两人一组，背对跑进方向，相距 5m 听口令后，快速转身追逐跑，100m 以内有效。跑完后走回或慢跑回起点，连续交替完成 4～6组。

(21)1min 立卧撑：由直立姿势开始，下蹲两手撑地，伸直腿成俯撑，然后收腿成蹲撑，再还原成直立。每次做 1min，4～6 组，间歇 5min，强度为 50%～55%。要求动作规范，必须站起来才算完成一次练习，也可以穿上沙背心做该练习，或做立卧撑接蹲跳起，则强度稍大，做 30 次为一组，组间歇为 10min。

(22)重复爬坡跑：在 15°的斜坡道或 15°～20°的山坡上进行上坡跑，重复 5 次或更多些，跑距 250m 或更多些，间歇 3～5min。强度为 60%～70%。也可根据训练目的决定强度，也可以心率控制运动强度，也可穿沙背心进行。

(23)连续半蹲跑:成半蹲姿势(大小腿成100°角左右),向前跑进50～70m,重复5～7次,每组间歇3～24min,强度为60%～65%,不规定速度,走回来时尽量放松,在进行下次练习前,可做15s贴墙手倒立。

(24)连续跑台阶:在高20cm的楼梯或高50cm的看台上,连续跑30～50步,如,跑20cm高的楼梯,每步跳2级。重复6次,每次间歇5min,强度55%～65%。要求动作不能间断,但不规定时间,向下走尽量放松,心率恢复到100次/min时可开始下一次练习,也可穿沙背心做该练习。

(25)沙滩跑:在沙滩上做快慢交替自由跑,每组500～1 000m,也可穿沙背心跑,速度变化和要求可因人制宜,做4～6次。

思 考 题

1. 简述耐力素质的意义。
2. 简述耐力素质和身体素质的关系。
3. 简述耐力素质的生理学基础。
4. 简述发展耐力素质的锻炼方法。
5. 简述青少年发展耐力素质的注意事项。

第五章　柔韧素质训练的基本理论与方法

内容提要

本章主要介绍柔韧素质的概念，柔韧训练的意义，柔韧素质的分类、内容、特点，影响柔韧素质提高的主要因素，柔韧素质训练注意事项，柔韧素质训练的主要手段与基本方法以及发展不同身体部位柔韧的技术动作。

学习重点

本章的学习重点包括柔韧素质的概念、分类、特点，柔韧训练的意义，影响柔韧素质提高的主要因素，柔韧素质训练注意事项，柔韧素质训练的主要手段与基本方法。实践并体会发展不同身体部位力量的技术动作以及各种技术动作的练习要领。

第一节　柔韧素质训练概述

一、柔韧素质的概念

柔韧素质是指人体各个关节的活动幅度以及肌肉、肌腱和韧带等软组织的伸展能力。

柔韧素质有两层含义，一是关节活动幅度的大小，主要受骨骼关节解剖结构限制；二是肌肉、肌健、韧带软组织的伸展性，主要是跨过关节的肌肉、肌健、韧带等软组织的伸展性，科学合理的训练有助于柔韧素质发展的同时，也积极促进青少年运动员的生长发育。

二、柔韧素质训练的意义

柔韧素质是一种重要的运动素质。武术、竞技体操、艺术体操、跳水、花样滑水、散打、跆拳道等项目，对运动员的柔韧素质都有很高要求。许多运动项目除了对一般柔韧性有要求外，还要求运动员必须具备良好的专项柔韧性。

柔韧素质发展的敏感期为5～12岁。发展柔韧素质不仅可以加大动作幅度，使动作更加优美、协调，而且能相对加大动作力量，减少受伤的可能性。正确地进行柔韧训练，对于运动员具有极为重要的意义，主要表现在以下几方面。

(一)有利于改进运动员技术，提高运动成绩

如果柔韧性差，掌握动作技能的过程会表现得缓慢，并变得复杂化，而其中某些对完成比赛动作十分重要的关键技术往往不可能学会。例如，成年男子 110m 栏，栏高 1.067m，具备过硬的腿部与腰腹的柔韧素质，跑的才会轻松流畅。

（二）有利于力量、速度及灵敏素质的发挥

人体是一个复杂的有机体，唯物辩证法告诉我们，事物之间是相互联系的，相互影响的。有资料显示，良好的柔韧素质会积极影响其他运动素质的发展，柔韧素质的发展与力量、速度、灵敏等素质的发展有正相关的关系。

（三）有利于体现运动美感

发展柔韧素质不仅可以加大动作幅度，使动作更加优美、协调，而且运动员做动作时表现出肌肉协调、动作舒展大方，节奏感强等特点，会强烈冲击人们的视听觉，尤其在国际体操比赛中，经常看到运动员们身手矫健，动作潇洒，踩着音乐节奏，目光配合着动作愈发动人，扣人心弦，给人以美的享受。

（四）有利于预防运动损伤

发展柔韧素质能相对加大动作力量，减少受伤的可能性，是肌肉、韧带避免损伤的原因之一。足球选手在争抢球或运球加速时，具备一定的横劈或纵劈能力的运动员，腿部即便活动幅度很大也不易拉伤，但是不具备腿部此类柔韧性的运动员就很容易拉伤。

（五）有利于生长发育

适当的身体柔韧练习可以预防少年儿童的不良身体姿势，对纠正胸椎异常弯曲，鸡胸等病症有积极的效果。并且适当的体育训练在提高关节柔韧性的同时，也对练习者尤其是少年儿童的身高增长有积极的影响。

三、柔韧素质的种类与特点

（一）柔韧素质的分类

1.按照训练程度划分

（1）一般柔韧性。一般柔韧性指运动员在进行训练时，为适应这类身体练习，保证一般训练顺利进行所需要的柔韧素质。例如，球类运动员在速度练习时，加大必要的步幅所需要的腿部柔韧性，田径运动员用杠铃进行力量练习时，需要大腿后群肌肉表现出来的柔韧性。

（2）专项柔韧性。专项柔韧性指专项运动技术所特殊需要的柔韧性。它建立在一般柔韧性基础上，并由各专项动作的生物力学结构所决定。例如，110m 栏运动员良好的腿部柔韧性，有助于在比赛中重心平稳快速地通过每一个栏；足球运动员需要良好的腿部、肩和踝关节柔韧性，足球技术方能得到较大的提升与保障；速滑和赛跑运动员则要求髋、膝、踝关节特别灵活；蝶泳则要求运动员必须具备大幅度的肩、腰活动幅度；体操运动员为了完成各种器械练习，肩、髋、腰、腿等部位必须表现出大幅度的活动范围。当运动员的柔韧性发展到一定水平时，各关节的运动幅度会超过有效完成动作所要求的程度，这种超出，就是柔韧性“储备”，从而为经济、合理、漂亮地完成动作打下坚实的基础。

2.按照训练者的意识划分

（1）主动柔韧性。主动柔韧性指运动员依靠相应关节周围肌肉群的积极工作，完成大幅度动作的能力。主动柔韧性不仅涉及培养对柔韧性有直接影响的能力，而且还涉及力量素质的发展，力量素质的发展能促进主动柔韧性水平的提高。时间训练中，运动员柔韧素质主要靠主动性的静力拉伸来获得。

(2)被动柔韧性。被动柔韧性指被动用力时，关节所能达到的最大活动幅度，运动员被动柔韧性的指标一般高于主动柔韧性。被动柔韧性一般是在教练或是同伴的帮助下练习取得。

(二)柔韧素质的特性

1. 年龄的阶段性

不同年龄阶段的运动员对柔韧素质的要求是不一样的，各个年龄阶段有各自不同的要求。例如，对体操运动员来说，10 岁左右的柔韧要求可能是快速提高关节活动的空间与幅度，而 16 岁时的柔韧要求是保持现有良好的柔韧性。

2. 相对性

有实验数据显示，适当的柔韧素质训练有助于运动素质的保持和发展，柔韧练习少则达不到提高一般或专项素质的要求，柔韧练习太多则容易造成韧带松弛、关节不稳或肌肉受伤，因此说柔韧训练是相对的，一般柔韧性的要求是为力量、速度等素质训练要求服务的，只要能满足运动竞技的需求，无需练的太多。

3. 差异性

(1)项目差异性。在众多的运动项目中，显然各项目对运动员的柔韧素质要求是不一样的，例如，体操运动员由于要完成大量的翻、转体、团身等屈伸动作，对关节韧带的活动要求显然高于球类运动项目。

(2)个体差异性。人的发展阶段存在个体差异性，同样在运动项目中也存在这种差异性，不但不同的个体存在差异，而且同一个体的不同身体部位(关节)的运动幅度也不一样，男女运动员由于存在生理学上差异，女性的肌纤维细长，横断面积小于男性，对关节活动限制小，因此女性关节灵活性好于男性。

4. 可逆性

柔韧素质发展快，易见效，但消失也快，停训时间稍长，就会消失，该过程是可逆的，因此在实际训练中需注意柔韧素质的保持。

四、影响柔韧素质提高的主要因素

(一)性别与年龄

肌肉、韧带组织的性质不仅取决于男、女性别差异，还取决于不同的年龄阶段。男性与女性肌肉组成成分不同，弹性也不一样，女性关节肌肉力量较弱，韧带较薄，影响或限制关节运动的因素少，因此通常女性的柔韧性优于男性，少年儿童处于生长发育期，骨骼柔软，肌肉韧带具有较大的可塑性，较成年人弹性更好。

(二)关节的骨结构和周围组织体积大小

关节的骨结构是影响柔韧性的最不易改变的因素，基本上由遗传决定。关节的骨结构的先天性决定关节的活动范围，虽然训练可以使骨结构产生部分变化，如，关节内软骨形态的变化，但这种变化只局限在关节的骨结构所许可的范围内。关节周围组织包括肌肉、韧带、皮肤、脂肪等，这些组织体积的大小对关节活动有限制作用。它一方面受先天遗传的影响，另一方面也受后天训练的影响。往往经过训练后，这些周围组织体积增大后，会影响柔韧素质的发展。

例如，肱二头肌肌肉体积增大后就可影响肘关节的活动幅度。

(三)神经过程转换的灵活性

神经系统兴奋与抑制过程转换的灵活性与运动中肌肉的伸缩有关。例如，中枢神经系统调节对抗肌之间的协调性的改善，以及对肌肉紧张和放松的调节能力的提高，对运动员肌肉的放松能力起重要作用。研究证明，训练水平高的运动员肌肉的随意放松能力之所以很高，是与中枢神经系统支配骨骼肌的神经细胞的转换深度有关。而且还取决于中枢神经系统的兴奋性，因为在中枢神经系统的影响下，肌肉神经过程转换更为灵活，如，在比赛中情绪高涨时柔韧性会增大。

(四)心理因素

心理紧张与否可通过中枢神经系统影响到有机体各部位的工作状况，心理紧张度过强、过长会使神经过程由兴奋转为抑制，严重影响各部位的协调能力，使动作僵硬、紧张，本该舒展潇洒的动作表现不出来，最终影响比赛成绩或练习的效果。

(五)温度

做准备活动的一大好处就是提高体温，增加各激素的活性，动员酶蛋白分子，进而克服器官惰性，为机体大量耗氧做好准备。美国的赖特和约翰 1960 年实验时发现，当外界温度在 18℃以上时，是表现柔韧性的有利条件，而在 18℃以下则不利。人体在做了充分的准备活动后，器官惰性与血液黏稠度降减低，肌肉韧带活动空间幅度加大，人体的柔韧性得到明显提升。

(六)时间段

由于生物节律性，一天内有机体的机能状态因时间不同而有一定的变化。经过一夜的休息，机体各部分得到了充分的放松，肌肉韧带弹性得到恢复，机体各大功能逐步唤醒。因此柔韧性在早晨明显下降，中午好于早晨。

(七)疲劳程度

在疲劳的情况下柔韧性会下降，其他因素如准备活动充分与否。训练持续时间超过 1h 或非常剧烈等，对柔韧性也有明显的影响，长时间的打保龄球或者是羽毛球对腰部会造成劳损，此时再要求腰部的柔韧性肯定就难以达到先前的标准了。

(八)遗传

不同的人柔韧性先天也不同，一般而言，柔韧性好的人其子女柔韧性也好。例如，夫妻都是舞蹈演员，其子女身体素质及相关(表演)基因表现往往也不差，这说明了遗传对后代的重要作用。

(九)营养

营养对人体的发育至关重要，尤其要注意的是青春发育期，少年生长发育驶入快车道，某些营养素摄入不足，对人体的柔韧性会产生较大的影响，如，维生素 C 缺乏会影响关节的活动范围。

五、柔韧素质训练注意事项

(一)要控制好柔韧性练习的量与强度

过分发展柔韧性，超过关节的解剖学结构限度的灵活性会导致关节和韧带变形，影响关节结构的牢固性。某些部位柔韧性的过分发展，甚至会影响到运动员的体态。在运动活动中，虽然专项对柔韧性往往有较高要求，但一般来说，没有必要使其发展水平达到最大限度，只要控制在保证顺利地完成必要的动作即可，理想的状态是有一定的柔韧性“储备”，即柔韧水平稍许超过完成动作时的最大限度。在锻炼过程中，随着练习强度的加大，做到“酸加，痛减，麻停”。

(二)要兼顾有关联的部位

某些动作中，柔韧性的表现不是在一个关节或部位，而是牵涉到几个相互有关联的部位。例如，体操中的“桥”，就是由肩、脊柱、髋等部位的关节所决定的。因此，应该对这几个部位都进行柔韧性练习。如果其中某一个部位稍差，就应制订相应措施使其改善。另外，也可通过其他部位的有效发展使其得到补偿。这样做可以使各部位的柔韧性得到发展，保证专项运动需要。

(三)要循序渐进，持之以恒

肌肉、韧带伸展性练习应逐步提高要求，做到循序渐进，不能急于求成。在拉长肌肉时可能会出现疼痛现象，对此要进行具体分析，只能从原有水平作为衡量标准，不能盲目地急于求成。在同伴帮助下进行被动性练习时更应谨慎，以避免肌肉、韧带拉伤。柔韧性发展较快，但停止训练后，肌肉、肌腱、韧带已获得的伸展能力消退也快。因此，柔韧训练要具有长期性、周期性。

(四)要因项因人而异

柔韧性训练必须根据项目特点和运动员具体情况安排。例如，跳跃项目的运动员重点要求腿部和髋部的柔韧性；游泳运动员主要要求踝关节和躯干的柔韧性；体操运动员侧重于肩、髋、腰、腿部的柔韧性。所以，训练时必须根据项目特点确定重点。此外，每个运动员的具体情况不一样，因此训练过程中要区别对待，才能收到良好的训练效果。

(五)柔韧性的发展应与力量发展相适应

柔韧性练习是增加肌肉的伸展能力，力量练习是增加肌肉的力量与体积，因此两者有机结合，共同发展，在不影响关节活动幅度范围的基础上，保证肌肉韧带体积增大，肌力增强。

(六)要从小培养

从小发展的柔韧性是在有机体自然生长发育过程中锻炼出来的，相比较后来发展的柔韧性，更容易巩固和保持、不易消退；此外，柔韧素质发展的敏感期是 5～12 岁，所以，在此期间要抓紧训练，并在 12 岁以前使柔韧素质得到较好的发展。

(七)柔韧素质练习后要注意放松

柔韧素质练习后可以练习相反方向的动作来放松，如，压腿后做一些屈膝下蹲的练习，使腿部伸缩肌得到练习，避免某一部分肌肉或韧带劳损，减少疲劳性损伤。

总之，柔韧性练习是准备活动的必要组成部分，应先热身，使肌肉温度上升，做一些伸展动作方才安全，此外，锻炼结束后也可进行柔韧性练习，不仅有助于肌肉力量的恢复，而且可以减轻肌肉酸痛。此外系统，合理的训练计划是必须的，每次锻炼都要循序渐进，持之以恒，有助于锻炼目标的及时获得。

第二节　柔韧素质训练的方法与手段

一、柔韧素质训练的参数

（一）强度

柔韧训练强度主要反映在动作频率、用力大小和负重三方面。动作频率不宜太快，应主要采用中等或较慢的频率，因为中等和较慢的频率能延长力对关节的作用时间，避免肌肉和韧带拉伤。在用力大小方面，借助外力进行被动性练习时，用力程度应逐渐加大，并以运动员主观感觉为根据。当运动员感到肌肉酸疼时可以减少点力量，当感觉到肌肉胀痛时可坚持一下，当感到肌肉麻时则应停止训练。采用负重练习发展柔韧性时，除高级运动员外，负重量不能超过被拉长肌肉力量能力所能达到的50%。负重量的大小取决于练习性质：在完成静力拉伸的慢动作时，负重量可相对大一点；在完成动力性摆动动作时，负重量应小些，一般控制在1～3kg（普拉托诺夫，1984年）。总之，柔韧训练宜采用中等强度进行。强度过大、过猛均容易造成肌肉拉伤；强度过小，则不易达到很好发展柔韧性的目的。

（二）练习重复次数、组数与持续时间

练习重复次数应根据运动员的年龄、性别、项目特点以及不同训练阶段（即发展柔韧性阶段、保持柔韧性阶段）的任务进行安排。普拉托诺夫（1984年）指出：少年运动员（12～14岁）一次课的练习重复次数应比成年运动员少1.5～2倍；女子的重复次数应比男子少10%～15%。动作重复的最多次数，是通过完成几组动作达到的数量。练习时每组动作可安排10～15次练习。每组练习的持续时间可保持在6～12s，摆动动作可达10～15s，静力性拉伸练习的停留固定时间可控制在15～30s。

练习的间歇时间取决于练习的性质、动作的持续时间、参与工作的肌肉数量。一般控制在1/6～3min之间。确定间歇时间的基本原则是应该保证运动员在完全恢复的条件下去从事下一组练习。间歇时间一般不能太长，否则会减少关节的活动性，降低训练效果。在间歇时，可安排一些肌肉放松练习或自我按摩练习，以便为下一次加大关节活动幅度提供条件，从而收到更好的训练效果。

二、柔韧素质训练的方法

柔韧素质训练的方法主要是在力的拉伸作用下，有节奏地加大动作幅度，多次重复，目的是提高跨过关节的肌肉、肌腱、韧带等软组织的伸展性。各组织伸展能力的提高主要是力拉伸作用的结果。

（一）主动性拉伸练习法

主动性拉伸练习法是指运动员依靠自己的力量，通过与某关节有关联的肌肉的主动收缩，来增加关节灵活性的方法。它又分为主动的动力拉伸练习和静力拉伸练习两类。

1.主动的动力拉伸练习

主动的动力拉伸练习是指运动员依靠自己的力量，将肌肉、肌腱、韧带等软组织拉长，提高其伸展性的方法。根据完成动作的特点可将其分为：单一的和多次的（如两次重复和多次重复的体前屈）拉伸练习；摆动的和固定的（如固定支撑点的拉肩）拉伸练习；负重的和不负重的拉伸练习，例如，正踢腿、侧踢腿等。

2.主动的静力拉伸练习

主动的静力拉伸练习是指运动员在动作最大幅度的情况下，依靠自身肌肉力量保持静止姿势的练习。例如，扶杆压腿、坐位体前屈测试等。

(二)被动性拉伸练习法

被动性拉伸练习法是指依靠外力的作用，促使关节灵活性增大的方法。它又分为动力拉伸练习和被动的静力拉伸练习两类。

1.被动的动力拉伸练习

被动的动力拉伸练习是指依靠教练员或同伴的助力来拉长韧带、肌肉的练习。例如，依靠同伴的帮助来逐渐提高后举腿的动作幅度。

2.被动的静力拉伸练习

被动的静力拉伸练习即由外力来保持固定姿势的练习。例如，依靠同伴的力量来保持体前屈的最大幅度。

被动性拉伸练习对于发展主动的柔韧性来说，其效果要比主动性拉伸练习小一些，尤其对被动的静力练习来说，更是这样；但它却可以达到更大的被动柔韧性指标。被动柔韧性的最大指标往往又决定主动柔韧性的指标。因此，在训练过程中两者必须兼而有之，对那些柔韧素质要求极高的运动项目来说，被动性拉伸更是不可缺少的，此方法在专业运动员中运用更为常见。

3.本体感受神经肌肉伸展法(PNF 法)

本体感受神经肌肉伸展法起先用于各种神经肌肉瘫痪病人的治疗，随着竞技体育的高速发展，人们发现 PNF 法对在短时间内提升个体的柔韧性具有良好的效果。主要方法包含收缩肌与对抗肌收缩放松的交互进行。

以发展股后群肌为例，仰卧伸直腿，脚踝至少屈至 90°，同伴或教练帮其压至有轻微酸痛感，此时腿部用力对抗外力 10s(肌肉收缩)，间隔 10s 放松(静止，不需加力)，再次加力同时对抗外部压力 10s(肌肉收缩)，如此循环至少三次。本方法需要外力的帮助，可以在一次的伸展练习中显著地提高关节活动的幅度，不易导致肌肉酸痛或损伤，具有高效、安全、简单的特点。

总之，采用上述方法发展柔韧性时，一是要逐渐增大动作幅度，使动作到位，肌肉、韧带尽量被拉长；二是要充分利用肌肉退让工作，使肌肉韧带逐渐地被拉长。

三、柔韧素质训练的技术动作

发展柔韧素质的技术动作很多，主要可分为徒手练习(包括单人徒手练习和双人徒手练习)、器械练习(包括肋木、体操棒、实心球、跳绳、倒立架)、借助外力等多种形式。下面根据身体部位简介一些发展柔韧素质的常用动作。

(一)肩部柔韧练习的技术动作

肩部柔韧练习的动作主要有压、拉、吊、转等几种方式。

1.压肩的方式

(1)站立式：腿站立，体前屈，两手扶同髋高的肋木或跳马，挺胸低头(或抬头)，身体上半部上下振动。教练员可帮助压肩，把肩拉开。练习时要求手臂伸直，肩放松。

(2)体前屈，两手体后交叉握、翻腕，向上振动。要求两臂、两腿伸直，幅度由小到大。

2. 拉肩的方式

(1)背对肋木站立，两臂上举，两手握肋木。抬头挺胸向前拉肩，要求胸部前挺，肩放松，幅度由小到大。

(2)面对低山羊做手倒立，另一人帮助其搬肩拉肩。要求手离山羊近一点，幅度由小到大。

3. 吊肩的方式

肋木、单杠、吊环反吊悬垂。要求开始可吊起不动，然后加摆动作，肩放松、拉开。

4. 转肩的方式

(1)单杠、吊环收腹举腿，两腿从两臂间穿过。落下后悬垂，又还原成正悬垂。要求后悬垂时沉肩放松到极限。

(2)单杠悬垂，收腹举腿，两腿从两臂间穿地，落下成后悬垂，松一只手转体 360°成悬垂。然后换另一只手做。要求转动时肩由被动转动到主动转动，由逆时针到顺时针进行转动。

(3)利用体操棍、竹杆或绳子、橡皮带做转肩练习，随着灵活性提高，两手间握距逐步缩短，但要注意两臂同时转，不要先后转肩。要求肩放松，用主动练习和被动练习结合起来转肩。

(二)胸部柔韧练习的技术动作

(1)仰卧背屈伸。可自己独立做，也可一人压腿，运动员只抬上体。要求主动抬上体，挺胸。

(2)伸臂。跪立，手臂前放于地上，胸向下压。要求主动伸臂，挺胸下压。

(3)面对墙站立，两臂上举扶墙，抬头挺胸压胸。要求尽量让胸贴墙，幅度由小到大。

(4)背对鞍马头站立，身体后仰，两手握环使胸挺出。要求充分伸臂，顶背拉肩，挺胸。

(三)腰部柔韧练习的技术动作

1. 甩腰

运动员做体前屈和体后屈的甩腰动作，要求幅度由小到大，充分伸展背和腹肌。

2. 仰卧成桥

仰卧开始，两手反掌于肩后撑垫挺起胸腹，两臂伸直顶肩，拉开肩成桥，也可由同伴帮助。逐步过渡到独立进行。随着训练水平的提高，手和脚的距离逐步缩小。练习时腿要伸直，腹部上升，挺胸拉肩。

3. 体前屈

做法一：腿伸直并拢体前屈，两臂在两腿后抱拢，静止不动，停止一定时间。要求胸贴大腿。

做法二：坐于垫上，两腿伸直，同伴助力扶背下压。还可将两腿垫高，加大难度。要求下压一定时间后，再停留一定时间抱腿。

做法三：分腿站立体前屈，上体在两腿中间继续甩动。要求肘关节甚至头部应该向后伸出。

做法四：运动员坐于垫上，两腿分开置于 30～40cm 高长凳上，教练员两手按其背下压。要求两腿伸直，挺胸，抬头。

做法五：运动员面对肋木坐下，臀部与肋木间垫实心球，两臂向上伸直握肋木，教练员在运动员背后半蹲，两手握运动员两足前摆。要求腿要直，不能对抗用力。

(四)腿部柔韧练习的技术动作

腿部柔韧训练。主要发展腿部前、侧、后的各组肌群伸展和迅速收缩的能力,以及髋关节的灵活性。腿部柔韧训练主要来用压、开、踢、控和劈腿等动作方式。

1.压腿

分正压、侧压和后压三个方向,将腿放置一定高度进行练习。要求正压时髋正对腿部,侧压和后压将髋展开。

2.开腿

分正、侧、后三个方向,可由同伴把腿举起加助力按。要求肌肉放松,不要主动对抗用力。

3.踢腿

可扶把踢,也可在行进中踢。常用踢腿方法有正、侧、后踢腿。还可采用两腿分别向体侧45°方向踢出的十字踢腿。要求上体正直,上体不能后仰,踢腿时腿要伸直。

4.控腿

按舞蹈基本功姿势,腿在三个方向上举,并控制在一定高度上。包括以下三种方式:

(1)前控腿:前控腿有两种方法,一种是直腿抬起的向前控腿,一种是膝盖先抬起后再伸直控腿。

(2)侧控腿:侧控腿要求上体正直,抬起的腿、髋关节必须展开,臀部不能向后突,脚掌指向体侧。

(3)后控腿:后控腿要求上体正直,后举腿的髋关节不能外旋,脚掌向上。

5.弹腿

先将大腿向上提起控制不动,然后小腿迅速有力地前踢,伸直膝关节。

6.劈叉

前后劈腿,同伴帮助压后大腿根部。左右劈腿时应将两脚垫高,自己下压或由同伴扶髋关节下压。

(五)踝关节和足背柔韧练习的技术动作

增强踝关节的柔韧性,可以提高弹跳力,因为小腿腓肠肌和比目鱼肌以及跟腱的韧带拉长后,再收缩就更有力量。足背的柔韧性好,不但可以增加肌肉收缩力量,而且可以使动作姿态更加优美。踝关节和足背柔韧练习的技术动作主要可以通过以下几种方式进行:

做法一:练习者手扶肋木,用前脚掌站在凳子边上,利用体重上下压动,然后在踝关节弯曲角度最大时,停留片刻,以拉长肌肉和韧带。

做法二:练习者跪坐在垫上,利用体重前后移动压足背,也可以将足尖部垫高,使足背悬空,做下压动作,这样强度更大。

做法三:练习者坐在垫子上,在足尖部上面放置重物,压足背。

(六)腕关节柔韧练习的技术动作

篮球、排球、网球、羽毛球等项目对手腕的灵活性要求较高,既要求发展屈伸能力,又要发展内旋、外展的能力,除了通过专项基本技术练习外,还可以通过以下方法提高:

做法一:练习者伸直一只手臂,立掌,另一只手牵拉手指,如此交换,要求被牵拉手臂肘要伸直,掌需立起。该方法也可以在同伴或教练的帮助下进行。

做法二:练习者两手胸前指尖相对,通过压手指肌肉韧带来提高腕关节柔韧性。

做法三：练习者还可以采用靠墙倒立，重心前后移动的俯卧撑进行练习。

思 考 题

1. 解释柔韧素质。柔韧素质的分类有哪些？
2. 柔韧训练的意义有哪些？举例说明。
3. 影响柔韧素质提高的主要因素有哪些？
4. 柔韧训练的基本要求有哪些？举例说明。
5. 柔韧素质训练中常用的方法有哪些？举例说明。

第六章　灵敏素质训练的基本理论与方法

内容提要

本章主要介绍灵敏素质的概念，灵敏素质训练的意义，灵敏素质的分类及特点，影响灵敏素质发挥的主要因素，在此基础上详细介绍了篮球、排球、足球、乒乓球、格斗项目等项目灵敏素质的训练方法。

学习重点

本章的学习重点包括灵敏素质的概念、分类，影响灵敏素质发挥的主要因素，篮球、排球、足球、乒乓球、格斗项目等项目灵敏素质的训练方法。

第一节　灵敏素质训练概述

在许多运动项目中，如篮球、排球、足球、体操、拳击、摔跤、击剑、武术、滑雪等都要求运动员在时空变化的条件下能迅速表现出对动作的准确判断、灵活应变、快速敏捷的反应速度、高度的自我操纵能力以及迅速改变身体或身体某部位运动方向的能力。这些都是灵敏素质的表现内容，因此灵敏素质的提高与发展在体育运动项目中极为重要。

一、灵敏素质的概念

灵敏素质是指人体在各种外部、内部条件突然变换的情况下，快速、协调、准确地完成动作的能力。它是人的运动技能、神经反应和各种身体素质的综合表现。灵敏素质之所以是运动技能、神经反应和各种素质的综合表现，是因为各专项的每一个动作都不同程度地体现了力量、速度、耐力、柔韧等素质。通过力量训练特别是爆发力训练，控制身体的加速或减速；通过速度训练，特别是以爆发力为基础的动作速度，控制身体移动、躲闪、变换方向的快慢；通过柔韧训练保证力量、速度在各运动环节的顺利发挥，不致损伤；通过耐力训练保证各器官持久的工作能力。这些素质的综合运用能保证动作的熟练程度，而动作的熟练程度必须在中枢神经支配下才能运用自如。因为神经反应决定了反应速度的快慢、决定了判断是否准确、决定了随机应变及时做出应答动作的快慢。因此反应迅速、判断准确、及时做出应答动作是灵敏素质的先决条件，各素质协同配合是完成应答动作的基础。应答动作的熟练程度直接体现了灵敏素质的高低。所以说,灵敏素质是运动技能、神经反应和各种素质的综合表现。灵敏素质一般没有客观的衡量标准,只有通过动作的熟练程度来显示灵敏素质的高低,多为主观判断。它不像其他素质有客观衡量标准来测定其素质的优劣。如力量素质用重量的大小来衡量,单位是 N;速度素质采用距离与时间的比值来衡量,单位是 m/s;耐力素质用时间的长短或重复次数的多少或其他生理检测指标来衡量;柔韧素质用各关节的活动度的大小来衡量;而灵敏素质只有用迅速准确协调地完成动作的能力来衡量。有人用反应时衡量灵敏素质,这在大众健身中可以使用,但在竞技体育中有较大的局限性。例如,运动员的躲闪能力,必须通过躲闪动作来体现,而躲闪的快慢就表现了灵敏程度的高低。但完成躲闪动作是以各素质为基础的,反应判断的快慢决定相应躲闪动作的快慢,速度力量又决定了反应动作的快慢,因此运动员在没有做出躲闪动作之前无法衡量运动员在躲闪方面的灵敏素质,诸如疾跑、急停、转体、平衡等动作也都如此。因此离开其他素质和运动技能根本谈不上有灵敏素质,灵敏素质只有通过熟练的动作才能表现出来,单纯的灵敏素质是不存在的。灵敏素质的发展水平主要从以下三个方面进行评价:第一,是否具有快速的反应、判断、躲闪、转身、翻转、维持平衡和随机应变的能力;第二,完成动作时,是否能自如地操纵自己的身体,在任何不同的条件下都能准确熟练地完成动作;第三,是否能把力量(爆发力)、速度(反应速度)、耐力、协调性、节奏感等素质和技能通过熟练的动作综合表现出来。

客观实践证明,具有高度灵敏素质的人,可以随心所欲地控制自己的各运动环节,熟练自如且准确地完成动作。

二、灵敏素质训练的意义

灵敏素质是协调发挥各种身体素质能力,提高技术动作质量和创造优异运动成绩的重要条件。它在各个运动项目中的作用主要有以下两点:第一,能够保证准确、熟练、协调地完成动作,取得优异的运动成绩;第二,能够灵活、巧妙地战胜对手,取得比赛的胜利。

三、灵敏素质的分类及特点

从灵敏素质与专项运动的关系来看,灵敏素质可分为一般灵敏素质和专项灵敏素质。一般灵敏素质是指人在各种活动中,在突然变换的条件下,迅速、合理、准确地完成各种动作的能力。它是专项灵敏素质发展的基础。专项灵敏素质是运动员在专项运动中,迅速、准确、协调自如地完成该专项的各种技术动作的能力。它是在一般灵敏素质的基础上,多年重复专项技术,提高专项技能的结果。不同的体育运动项目对灵敏素质有不同的要求,球类和其他一些对抗性项目要求判断、反应、躲闪、随机应变等方面的灵敏素质。因球类项目的动作技巧变化多样,身体的各运动环节迅速发生变化,动作结构变异大,反应敏捷,不像体操、武术、田径等项目是按程序进行的,所以球类项目没有一种动作技巧是固定不变的。要时刻根据比赛时的复杂条件而灵活地改变动作的方向、速度、身体的姿势,这就要求球类运动员在球场上要有广阔的视野,敏锐的球感,多变的战术,协调的配合,才能适应球类运动的需要,因此没有良好的灵敏素质很难成为一名优秀的球类运动员。篮球一般要求躲闪、突然起动、急停、迅速改变身体位置、运球过人、切入、跳起空中投篮、争夺篮板球等方面所表现的灵敏素质。足球要求疾跑、急停、铲球、过人、射门、头及身体控制球等方面所表现的灵敏素质,特别是守门员要有较高的反应、判断能力。排球要求跳起扣球、倒地滚动、鱼跃救球、反应判断等方面所表现的灵敏素质。

乒乓球、羽毛球、网球的技术动作变化迅速，要求脚的快速移动，身体姿势变化，反应判断等方面所表现的灵敏素质。体操、跳水等项目要求身体位置迅速改变，空中翻转、控制身体平衡等方面所表现的灵敏素质。滑雪、滑冰等项目要求迅速调整身体位置平衡，迅速改变运动方向等方面所表现的灵敏素质。

灵敏素质具有明显的项目特点。由于各体育项目所表现的运动技能差异，所以对各素质及神经反应的要求也就不同，对灵敏素质的要求也不一样，从而体现了灵敏素质在不同的项目中各有特点。例如，优秀的篮球运动员在篮球场上灵巧多变，可在体操器械上却显得力不从心，因为他们不具备体操运动员所需要的运动技能，自然不能熟练地完成体操动作，体现不出体操方面的灵敏素质。同样，体操运动员在器械上能轻松自如地完成动作，但在篮球场上控制空间方面的灵敏却不如篮球运动员。也就是说，专项运动员在本专项上是能手，在其他项目上并不一定是能手。因此，有经验的教练员和运动员非常重视发展本专项所需要的灵敏素质。

四、影响灵敏素质发挥的主要因素

影响灵敏素质的因素是多种多样的，其中主要有解剖、生理、心理、运动经验及其他身体素质发展水平等。

（一）解剖因素

1. 体型

由于各体育项目不同，要求运动员的体型也就不同，所以从身体形态来看，各体育项目都有其显著的项目特点，也就是说专项运动技能与身体形态相一致。例如，体操运动员的形态特点是：个矮、体轻躯短、腿长、肩宽、臂粗等，之所以需要这样的体型是因为体操运动员在完成许多动作时，是要克服自身体重来完成的，个矮体轻则省力，肩宽臂粗有利于用上肢完成大部分动作，躯短腿长有利于动作幅度，这样的体型无疑是从事体操的最佳体型。再如，举重运动员要求矮、粗、宽、厚的体型，有利于用强大的爆发力控制杠铃维持身体平衡；篮球、排球由于篮高、网高的限定，要求运动员身材高大；足球运动员由于场地大、范围广，要求速度快、耐力强、动作灵活、反应快，并能充分利用合理冲撞，所以选身高、体重在中上等的、下肢有力的运动员（当然身材高大、体重重的而且灵活的更好）；跳高运动员则要求瘦高个、躯短、下肢长的运动员，下肢长、重心高、摆动半径大则获得的反作用力大，身瘦体轻则有利于空中控制身体顺利过竿。从以上例子来看，不同的项目要求不同的体型，这种体型必须有利于本专项技术的发挥，能在本专项中表现出高度的灵敏素质。因此不好说哪一种体型的人灵敏素质好，哪一种体型的人灵敏素质差，但就一般人而言：过高而瘦长的，过胖的或梨形体型的人缺乏灵敏性，“O”型腿、“X”型腿的人缺乏灵活性，肌肉发达的中等或中等以下身高的人，往往有高度的控制力而表现得非常灵活。

2. 体重

体重＝脂肪＋肌细胞＋水＋矿物质。其中以脂肪和肌细胞的增长最为显著，脂肪的增长是每日进食超过一天所需能量，其多余部分转变为脂肪，而肌细胞的增长是通过锻炼，锻炼促进肌细胞增长。脂肪过多影响肌肉收缩效率，增加了不必要的体重等于增加了运动时的阻力，从而影响了身体的灵活性，因此必须进行合理的训练增加肌肉比例，再配以低卡进食逐渐减少脂肪。

(二)生理因素

1.大脑皮质神经过程的灵活性

高度的灵敏素质是在其巩固的运动技能基础上表现出来的,也就是在大脑皮层分析综合能力高度发展的情况下体现的。大脑皮层的分析综合能力是在时间和空间上紧密结合进行的,因此在学习每一个动作时要按一定顺序进行,大脑皮层概括动作的难易程度所给予的刺激也按一定顺序正确地反映出来,多次重复会形成熟练动作。例如,学习三步上篮过程中,视觉判断上篮时的距离及篮的高度,位觉感觉起跳后身体空间方位,皮肤触觉感知地面硬度及手投篮的力量,这些刺激所引起的兴奋传到大脑皮层相应区,都按严格的时间和顺序产生兴奋、抑制,经过多次强化,各感觉中枢与运动中枢的动觉细胞发生暂时联系而形成运动技能。通过大量各种动作的练习形成许多熟练的运动技能,把这些动作变换,并在变化的环境中完成,使大脑皮层的兴奋和抑制的转换能力加强,从而提高大脑皮层神经过程的灵活性。这样在任何条件下、任何环境中都能熟练地把这些动作表现出来。

运动实践证明,每一项体育运动都需要某些专门的技能(如篮球的传球、运球、投篮;足球的传递、带球、射门;体操的空翻、回环、倒立、全旋等),只有掌握了这些专门的技能,并且运用自如,才能成为本专项的优秀运动员。而灵敏素质寓于这些运动技能之中,以动作形式灵活熟练地表现出来。因此基本动作、基本技术掌握得越多越熟练,不仅学习新的动作快,而且在战术运用中也更富有创造力,人也显得灵活,随机应变能力更强,从而表现的灵敏素质也更高。

2.运动分析器的功能

人体在完成动作时,肌肉产生收缩,通过肌肉肌梭(感知肌纤维长度、张力变化)、健梭(感知牵张变化)产生的兴奋传入神经中枢进行分析综合活动而感知身体在空间的位置、姿势以及身体各部位的运动情况,并与视觉、位觉、触觉以及内感受器相互作用,实现空间方位感觉。在肌肉感觉及空间方位感觉的基础上,大脑皮层才能随环境变化调节肌紧张,以保证实现各种协调精确的动作。运动分析得越完善,运动员对肌肉活动用力大小、快慢的分析能力就越高,完成动作时间的判断越精确。有些运动员即使闭上眼睛也能完成某些动作,这就是运动分析的作用。在运动实践中,有的运动员脚表现得灵活,有的运动员手表现得灵活,这是因为经常使用那些部位,那些部位也就表现得较灵活。例如,乒乓球运动员用右手的则右手灵活,经常用左手的则左手灵活。篮球运动员要求左右手运球、投篮都应灵活,足球运动中要求左右脚射门、带球都应灵活,体操运动员习惯一个方向的转体、一个方向的全旋等,这都是因为支配该部位运动器官的神经中枢的分析综合能力高度完善。

3.前庭分析器的机能

前庭分析器对空翻、转体及维持身体平衡、变换身体的方向位置的灵活性有很大作用。前庭分析器包括耳内装置和三个半规管。下面主要介绍三个半规管的作用。三个半规管在颅内相互垂直,所以当身体朝任何方向旋转时,半规管都能接受刺激,调整身体的平衡,但三个半规管接受的刺激是不一样的。当作横轴(向前或向后)翻转时,水平面和横面内的半规管的内淋巴液在翻转开始和结束时,对壶腹内毛细胞起作用,而纵面内的半规管的内淋巴液作圆的滚动,由于翻转惯性内淋巴液在整个翻转过程中起作用,所以滚横轴翻转时,纵面内的半规管(上半规管)起主要作用。同样,围绕纵轴转体时,水平面内的半规管(外半规管)起主要作用。作矢状轴翻转时,横面内的半规管(后半规管)起主要作用。如果完成空翻转体动作时,要求三个半规管的转换能力要强。由于前庭分析器的作用,身体在翻转时,能感知身体在空间位置的变化，并借助各种反射来调节肌紧张以完成翻转动作。体操动作、跳水动作对前庭分析器的要求较高，所以从事体操练习、蹦床、小弹板等练习能提高前庭分析器的机能，因此体操中的一些练习可用于提高其他项目运动员的灵敏素质的辅助练习。

（三）反应时的影响

1.反应时的概念

反应时（或反应时间）（Reaction Time，RT）与反应过程明显地不同。它不是反应延续的时间，而是引起表露于外的反应开始动作所需要的时间，即从刺激到反应之间的时距。反应不能恰在给予刺激的同时便从机体发出。刺激引起了一种过程的开始，但这种过程在机体内部进行时却是隐藏着的或潜伏着的，直到这一过程达到肌肉，产生一种外部可见的对环境的效应为止。刺激引起了感觉器官的活动，经由神经传递给大脑，经过加工，再从大脑传递给肌肉，肌肉收缩，作用于外界的某种客体。上述过程的每一步骤都需要时间，而在大脑中消耗的时间最多。即使是最简单的反应，从感觉器官传入的神经冲动也必须积累起来，并且形成足够的兴奋，才能引起大脑运动区对肌肉发出一种神经冲动。当把反应调整得适合于刺激的特点时，要进行的加工以及所消耗的时间都同分辨刺激的有关性质以及发出与之相适应的运动指令有关。因此，反应时也称为反应潜伏期（latency period of response），即反应过程的第二阶段，它包括了感觉器官感受刺激所需要的时间、大脑加工消耗的时间、神经传导的时间以及肌肉产生反应的时间。

反应时可以反映反应速度的快慢。从生理机制上看，反应时间的长短取决于感受器（receptor）接受刺激产生兴奋，兴奋沿反射弧（reflex arc）传导，直至引起效应器（或反应器）（effector）开始兴奋所需的时间。反射弧五个环节中，传入神经（afferent nerve）及传出神经（efferent nerve）的传导速度基本上变化不大，所以反应速度主要取决于感受器的敏感程度（兴奋阈值高低）、中枢延搁、效应器（肌纤维）的兴奋性。其中，中枢延搁（center delay）又是最重要的。反射活动愈复杂，历经的突触（synapse）愈多，反应也就愈慢。这是复杂反应时间长于简单反应时间的根本原因。借用电生理学的方法，可以把整个反应时间分为几个连续的部分。例如，用声音刺激猫耳，听神经动作电流的反应潜伏期是1～2ms，表明这一感受器几乎没有消耗什么时间。沿听神经通路而上至脑干（brain stem），也只耗费很少的时间。而听神经冲动到达大脑皮质时，就比声音到达耳时晚了8～9ms。因此可以说，听觉反应时间中只有很小的一部分花费在耳中或通往大脑皮质的通路上。当一束光线射入眼睛时，需要20～24ms视觉冲动才能到达视觉皮质区（visual cortex）；而当不通过视网膜（retina）直接用电流刺激视觉神经时，到达皮质所需的潜伏期只有2～5ms。这些是用兔和猫取得的实验结果。与耳相比，眼睛需要经过较长的时间才能开始沿着神经通路把它的信息传送给大脑，这其中当然要包括前面所提到的光化学中介时间。据此，我们可以解释视觉与听觉反应时间之间的大部分或全部的差别。在传出方面，从大脑到手指肌肉的神经传导所需的时间不超过10～15ms，但在肌肉本身之内和使肌原纤维产生动作的机械过程，却可能消耗更多的时间，肌肉电流比肌原纤维的反应时间短30～40ms，像大腿那样的粗大肢体的时滞显然更大。如果我们从140ms的总听觉反应时间减去感觉和运动神经所需要的时间，以及肌肉和运动所需要的时间，还剩70～90ms，这是中枢的反应时间。至少听觉时间的半数消耗于大脑过程，对其他感觉道的反应时间也可以进行类似分析。

2.反应时与电机械延迟和运动时

(1)反应时与电机械延迟。20 世纪 50 年代,日本学者株式道夫在测定反应时的过程中应用肌电图(EMG),让被试者坐在暗室兼绝缘室中,预先让被试的肱三头肌做轻微的收缩,受到光或声刺激,就立刻在肘关节处做伸展动作。这时可在肌电图上看到,在光刺激开始后,肱三头肌的持续放电消失(电休止期),继而出现同步放电,然后再出现伸展动作。这样,他把反应时分为两部分:从刺激开始到肌肉同步放电的一段时间;从同步放电开始到肌肉机械运动开始的一段时间。从刺激开始到肌肉同步放电,平均为 150ms,从同步放电到动作开始,平均为 70ms。因此,从刺激开始到反应动作出现的平均时间为 150+70=220ms。韦斯提出将反应时划分成前动作时(Pre-Movement Time,PMT)、动作时(Movement Time,MT),后者又称为电机械延迟(Electro-Mechanical Delay,EMD),即肌肉兴奋产生动作电位到开始产生收缩的机械变化的这段时间。后来有些学者又设计出了能测定前动作时及电机械延迟的专门仪器,并在这方面进行了一些研究。

(2)反应时与运动时。陈舒永等人以一台自制的反应时测试仪,将主要标志神经过程的反应时和主要标志肌肉运动过程的运动时区分开,并测定了 80 名业余运动员和 20 名普通人的手和每人 1 只脚的简单声反应时间和运动时间。实验结果表明,手比脚的反应时间短,脚比手的运动时间短。反应时间、运动时间以及两者之和均可在手和脚之间相互预测,三种反应指标在手和脚之间的相关系数分别为0.72,0.68 和 0.79。反应时间在运动员和普通人之间无显著差别,说明专项运动训练对手和脚的反应时间可能没有显著影响。运动时间以及反应时间与运动时间之和在两类被试者之间有无差别因运动项目不同而异,篮球和足球运动员比普通人和游泳运动员要快,篮球和足球运动员之间以及游泳运动员和普通人之间均无显著差异,说明专项运动训练不同,对这四种反应指标影响也不同。还发现,简单反应时间和运动时间虽有可靠的正相关关系,但因相关系数很小,故不能在两者之间进行有效的预测。

总之,反应时和运动时在运动领域的意义有所不同,因而有必要将它们区分开来分别加以研究。

(四)年龄、性别

1.年龄

从幼儿开始学走路到六七岁,平衡器官得到充分发展。7~12 岁,灵敏素质稳定提高,该年龄段有利于提高动作频率、反应速度及单个动作速度,体操运动员应尽量多体会一些难度较大的翻转动作。13~15 岁为青春期,身高增长较快,灵敏素质相对有所下降,以后随年龄增长又稳定提高直至成人。

2.性别

在儿童期,男孩女孩的灵活性差不多;在青春期,男孩比女孩稍灵活些;在青春期以后,男子的灵敏素质高于女子。女子进入青春期,由于体重增加,有氧能力下降,内分泌系统变化,灵敏素质会一度出现明显的生理性下降趋势。根据这一变化规律,在青春期以前就应加强女子的灵敏素质练习,使之得到较好的发展。

(五)疲劳程度

疲劳将导致中枢神经系统灵活性与机体活动能力降低。由于大脑皮质的能源供应不足(缺乏 ATP),从而产生保护性抑制,使肌肉力量不能发挥,反应迟钝,速度下降,动作不协调等，灵敏性显著降低。因此，在发展灵敏素质练习中和练习后都要注意恢复，及时消除疲劳。在兴奋性比较高、体力充沛的时候发展灵敏素质效果最好。

(六)情绪

人的情绪在高涨时显得特别灵敏，而情绪低落时，灵敏性也会降低。由于练习比赛环境的变化及其他生理、心理原因会导致情绪的变化，可能会过度兴奋，使兴奋扩散不能集中，造成身体失控；也可能过度抑制，精神不振，造成动作无力，不协调。因此一个优秀的运动员应学会自我情绪的调节，使自己在竞技状态中具有相适宜的情绪。当处于这种状态时，运动员头脑清楚，身体充满力量，对完成动作充满信心，身体觉得轻快灵活。例如，篮球运动员怎么投篮怎么进，体操运动员无论完成什么动作都感到控制自如，足球运动员感到支配脚下的球游刃有余等，达到这种状态除了因为身体素质好、技术熟练外，主要是良好情绪的作用。但这种状态有时不是人的意识所能预计的，应加强心理训练，提高对环境的适应能力和学会调节情绪的方法。

(七)其他身体素质发展水平

灵敏素质是人体的力量、速度、耐力、柔韧以及协调性等能力的综合表现。上述在神经中枢调控下的肌肉活动能力与灵敏素质有密切关系，其中任何一种身体素质较差，对灵敏素质的提高都会造成不利影响。

(八)运动技术的熟练及运动经验的丰富

实践证明，掌握基本技术越多、越熟练，不仅学习新的运动技能快，而且技术运用起来也显得更灵活，更富有创造力，表现出的灵敏素质也就越高。长期学习、运用各种技术动作和提高运动技能，可以丰富人的运动实践经验，增强身体素质和技术动作“储备”，从而促进灵敏素质水平的不断提高。

(九)气温

气候阴雨潮湿，天冷温度太低，也会降低关节的灵活性与肌肉韧带的伸展性，造成灵敏性下降。

第二节　不同项目灵敏素质练习的方法

一、篮球专项灵敏素质的训练

篮球运动员的灵敏素质实质上是经过视觉感受在大脑皮层神经过程的转换，使已形成的各种准确有效的动作适应突然变化的运动情况。也就是说，篮球运动员的灵敏素质包括快速的反应过程和较准确的运动过程。篮球运动员发展灵敏素质应从培养运动员视觉判断等各种能力入手，其中包括反应能力、平衡能力和节奏感等。这就要求在结合技术训练和其他专门训练中，运用各种信号和手段，加强灵敏素质的练习。

(一)篮球专项灵敏素质的训练方法

篮球运动的项目特点要求运动员能够快速突然、连续不断地移动。因此，灵敏素质训练应涉及三个重要因素：反应能力、平衡能力和脚步速度。下而介绍它们各自的训练方法。

1.反应能力的训练方法

(1)方法1:“识数”反应练习。在同一条直线上放三个圆锥体,分别标上1,2,3。相邻两个锥体之间相距3~5m。开始练习时,队员站在三个锥体的一侧,距中间锥体约有9m。在教练员发令前(用口令或是手势发令),队员在原地快速踏步准备起动。当听或看到教练员喊出或指向其中一个锥体时,队员应迅速做出反应,冲向该锥体并用手拍击该锥体,如果教练员接着喊或指向另外一个锥体,队员应迅速重复刚才的动作。如果教练员没有继续发令,队员就返回原地,并保持原地快速踏步来预备执行下一个指令。练习中队员应注意:在接到指令前一定要保持高度的警觉性,在接到指令后起动一定要快。

(2)方法2:“弹球”反应练习。教练员站在离运动员约5m远处,教练员一手拿一球。练习开始时,教练员将两臂向两侧伸开,然后将一个球向前(或者稍向外侧)抛出,队员尽量在球第一次落地时将球接住,在抛球之前可以给队员视觉上或是听觉上的信号。当队员适应了简单的练习时,教练员可以加大训练难度:一是通过随意选择抛任何一只手中的球来加大难度;二是通过在抛球之前不给队员任何提示来加大难度;三是根据队员练习的情况适当地往后退一段距离来加大难度。这些练习给队员提出更大的挑战,以便使队员达到更高的水平。

2.平衡能力的训练

平衡能力是影响灵敏素质的关键因素,人们依靠视觉、触觉以及内耳功能来保持平衡。在发展平衡能力时应该注意加强几种形式的练习:一是单脚练习,当改善了单脚平衡能力时,用双脚来维持平衡将会更加轻松;二是光足练习,在条件允许的情况下采用光足练习,这样可以促使踝和膝上的小肌肉群参与维持身体平衡;三是闭眼练习,在有些平衡性练习中可以闭上双眼进行练习;在没有视觉参与的情况下,将迫使练习者更多地依靠来自肌肉和关节的反馈信息,这样在没有其他感觉器官参与的情况下能够发展身体自身感受运动的能力,提高运动中维持身体平衡的能力。下面举两种方法说明。

(1)方法1:单脚练习。

(a)单足站立30s;

(b)用一只脚的脚尖站立30s;

(c)将另一只脚抬起并向前踢,踢10次;

(d)单足站立,将另一只腿向前伸平,保持30s;

(e)换只脚站立,将另一只腿向前伸平,保持30s。

(2)方法2:单脚练习+闭眼练习。

(a)单足站立,闭目保持30s;

(b)用一只脚站立,向右(或左)转身,转一次停10s,直到恢复原位;

(c)用一只脚站立,将腿向侧伸平,保持30s;

(d)交换支撑腿,提膝侧向自由踢腿10次;

(e)用一只脚的脚尖站立30s。

3.脚步速度的训练

脚步速度在多种运动项目中都起着至关重要的作用。在篮球运动中脚步速度也是不可缺少的一项基本素质,它是影响篮球专项灵敏素质的关键因素之一。我们知道影响脚步速度的关键因素除了下肢肌肉力量外,另外一个重要因素就是踝、膝和髋关节各自的灵敏性和它们一起工作时彼此之间的协调性,所以在训练中先是将三者分开训练,然后再合起来训练,这样可以帮助踝、膝和髋关节在各种情况下都能自然而又富有节奏地运动，从而使灵敏素质得到提高。

(1)脚踝的训练方法。坐在椅子上，只动脚踝(脚跟与地面保持接触)，两脚趾交替着轻击地面。每次持续 30s，做 3 次，每两次之间要充分休息。

(2)膝关节的训练方法。坐在椅子上，脚蹬在墙上，只动膝关节，两只脚的脚趾交替着轻击墙面。每次持续 30s，做 3 次，每两次之间要充分休息。

(3)髋关节的训练方法。平躺在地面上，两腿伸直，只动髋关节，用两脚跟交替着轻击地面，两腿抬起的幅度不要太大。每次持续 30s，做 3 次，每两次之间要充分休息。

(4)三者结合起来的训练方法。

1)方法 1：俄罗斯跳。在地面上画一条 2m 长的直线，单脚站在上面。开始练习时，沿着线慢慢地进行跳动，不要跳太高，跳的距离要短，然后尝试着逐渐加快跳动速度，同时脚接触地面时要轻盈，在这段时间内尽量多跳几次，每条腿分别跳三次。

2)方法 2：对墙跑。单脚对墙站立，双手撑在墙上。将自由腿的膝关节向上提起，然后，将自由腿前伸，接着下压落地。脚接触地面时要短促、轻盈，接着向后上方滑动，整个过程就像公牛蹬地的过程。刚开始时先要慢慢完成这个动作，然后逐渐加快速度，但始终要保持协调性。每条腿分别踢 3 次，每次持续 30s。

(二)篮球专项灵敏素质的训练要求

(1)灵敏素质练习的负荷强度要大，练习安排应放在每次课的前半段时间进行，此时运动员精力充沛、精神饱满，较易提高练习效果，身体疲劳时不宜进行灵敏素质练习。

(2)灵敏素质训练时，持续时间要短，练习的重复次数不宜过多，可多变化练习形式。

(3)发展专项灵敏素质，特别要注意大力发展与灵敏相关的某些专项素质，如速度、柔韧、协调、弹跳等，为篮球训练的专项化打好全面基础。

(4)经常进行篮球专项的脚步动作练习，提高身体重心的转换能力，从而促进神经过程的转换速度，在神经中枢的参与下使手脚协调配合，完成各种高难度动作。另外，还要加强弹跳训练，并提高人体在空中的控制能力。

(5)发展专项灵敏素质时，应使运动员多参加各种形式的比赛，了解篮球运动技术、战术的时空特征，从而能在复杂的情况下随机应变。

二、排球专项灵敏素质的训练

排球运动员灵敏素质的训练方法分为四大类：一是变向移动类；二是动作转换类；三是综合类；四是大脑反应类。下面分别对它们进行介绍。

(一)变向移动类

这是要解决场上各种变向移动的灵活性问题。变向移动与反应移动是直接相关的，因此除了要采用提高反应移动速度的训练方法外，还应该采用一些更复杂的、带竞赛性和游戏性的方法。

(1)教练员站在网前，运动员做好准备，一看到教练员手起就冲向教练员。冲至离教练员 2～3m 时，教练员突然给两侧手势，队员不要减速，按指定方向跑。

(2)教练员对墙作不同角度、不同速度的掷球，队员连续低姿势快速移动去接反弹球。

(3)教练员任意抛球(可加虚晃动作),队员移动接球后抛还给教练员,然后准备再次接球。也可采用教练员轮流抛两球的方法。

(4)将球网用布挡住,教练员隔网任意抛球,队员跑动接球。

(5)队员做好准备,听到信号后冲至进攻线,后退至端线;冲刺至中线,后退至进攻线;冲刺至对方进攻线,后退至中线;冲刺至对方端线,后退至进攻线;最后冲刺出对方端线。要求用手触线。

(6)教练员持球与队员并肩站立,然后将球扣向地面,队员迅速起动追击反弹球并将球接住。

(7)队员在球场端线传球给位于网前的教练员,然后迅速跑向教练员。当队员跑至进攻线时,教练员向队员身后任意方向抛球、队员迅速急停转身冲刺接球。如此反复练习多次。

(8)十字变向折回跑或"M"字移动。图形跑,即按照规定的图形路线跑,如"弧形、弓形、W形、M形"等。也可将几种图形组成综合性的移动图形进行练习。

(9)40m 迷路跑,可用球作不同的标志。

(10)一晃一堵变向移动练习,一人在端线外进行拦堵,另一人在场内设法晃开端线队员的堵截,从端线逃出场外,以不被摸到为胜。

(11)绕物抓人。一队员绕裁判台或其他物体跑,另一队员可随意突然起动或转身变方向,争取抓到前一运动员。

(12)分两队在两半场进行绕物接力比赛。分别在各个半场放好相同位置的标志物若干个,由每队出一人开始跑完所有标志物击掌后,下一个队员继续跑,看哪队先跑完。

(二)动作转换类

这是要解决动作与动作间转换的灵活性练习。动作之间转换得快,同时又能迅速地再连做下一个动作。腾空后还能灵活地变化做出各种动作。

(1)滚翻接转体。向左滚翻后紧接着起立并跳起转体 180°,再向右滚翻并跳起转体 180°。动作要连贯,可重复若干次。

(2)走、跑、跳转换。手足着地从端线快速爬到进攻线,接单足跳手碰网,然后疾跑返回端线。可以计时。

(3)快速后退跑。队员在端线准备好,看信号后转体 180°,快速后退跑 9m。

(4)转身鱼跃。向前跨一步,身体重心降低转体后跳起鱼跃着地。

(5)队员鱼跃接教练员抛出的物品后,要求在着地前将物品抛还给教练员。

(6)两人拿长绳左右来回摆动,绳可擦地也可离地 20cm 高,一人双脚来回跳过并双手触地一次。反复做 10 次。

(7)原地双脚跳起,腾空后两腿上收,双手抱小腿,下落时还原。反复若干次为一组。

(8)队员在排球场内三个不同位置上连续做起跳拦网动作。要求计算 30s 内拦网次数。

(9)两名教练员隔网持球上举,一名队员跳起拦网空中先后触摸两球。

(10)一队员距墙 6m 以外,用球击中站在墙边的另一队员;而墙边的队员采用各种动作躲闪,不被球和反弹的球击中。

(11)两人一组,面对面,互相触摸对方的背部。既要躲开对方,又要主动触摸对方。

(12)全队队员在半个场地上,每人不停地拍球。互相用手打对方的球;但又要保护好自己的球不被打掉。

(三)综合类

(1)俯卧撑姿势,腰部向下振动,听或看信号起跑快速钻过相距3m的3个低栏架,再跳过距低栏10m的山羊返回。

(2)快跑8m后急停—后退跑8m返回—向左快跑5m返回—向右快跑5m返回—连续双脚跳起5次—向前鱼跃1次—转身鱼跃1次—原地立卧撑10次。

(3)分两队站在端线外,在进攻线处分别放两个标志物,教练员发口令,每队的排头队员手抱3个球跑步绕过标志物返回交给列在第二位的队员,按此方法连续做。先完成的队为胜队。

(四)大脑反应类

排球比赛中,情况变化多端,需要敏捷的反应、灵活的头脑。训练大脑灵活性不一定在场地上进行,可以利用计算机模拟或采用专门的方法来进行。

(1)通过计算机模拟一定的运动情景。当刺激信息出现时,让队员根据自己的专项知识和经验,利用预判和直觉进行判断、按键或操纵仪器进行反复练习。

(2)让队员观看实战比赛录像带,并进行判断选择正确的防守路线位置或拦网点等。国家女排就经常采用此方法来提高队员们的决策能力。

(3)通过精选编写的有关比赛场上各种情况的试题(主要是选择题或是非题),让队员们笔试答题。

(4)教练员经常有意识地问队员一些比赛中应该怎样做的问题,队员应快速回答。

三、足球专项灵敏素质的训练

(一)一般灵敏反应练习

(1)盯人与摆脱练习,两人面对面相距1～2m站立,摆脱者向前跑,盯人者后退跑,前者在跑动中做各种假动作设法越过对手,后者则要尽力盯住对手。练习时要尽全力。

(2)两名队员一组先平行后退慢跑,在教练员把球从两人中间踢过去后马上转身并控制住球。

(3)蛇形绕杆跑,杆数为15～20根,杆距为1m,要求在规定时间内完成一个来回。

(4)疾跑、跳、钻8个排成一线的栏架。每个栏架相距5m,队员听到信号后从起点快速跑出,第一个栏架跳过去,第二个栏架钻过去,依次类推。在规定时间内跑到终点。

(5)追拍游戏,全队分成两排,面对面站立,前后左右间隔2～3m,教练举左手甲追乙,教练举右手乙追甲。

(6)灵敏循环练习,全队成两路纵队站立,两人一组依次轮流做。疾跑8～10m后做一俯卧撑,再疾跑8～10m绕过一标杆,做一侧滚翻接着往回跑8～10m,跳起顶球着地后疾跑至终点。

(二)结合球的专项灵敏反应练习

(1)连续快速传球。两人面对面站立,连续快速传球,两人距离由小到大再由大到小不断变化。

(2)反切接过顶球。两人面对面站立,相距10m,A向B传球,B向前迎球回敲(或让球漏过)后迅速转身反切接A队员传来的过顶球。

(3)争顶传球。两人一组,背对教练听信号后迅速转身争顶教练抛出的球并要将球顶给教练员。

(4)追反弹球。队员向前带球至板墙前2～3m时向板墙踢球，踢球后迅速转身，追赶从板墙反弹回来的球。

(5)争夺反弹球。两人一组，A队员向前带球，B尾随A，A带球距板墙5m时向板墙踢球，随后两人争抢反弹球。

(6)连续快速顶、传球。三人呈三角形站立，相距5～6m，A传一高球给C，C跳起将球顶回给A，B传一低球给C，C用脚将球传给B，A再传一半空球给C，C用脚内侧踢空中球或反弹球将球回传给A，依次类推。

(7)守门员听口令转身接球。守门员背向抛球人站立，抛球人发出口令的同时将球抛出(各种高低不同的球)守门员迅速转身将球接住。

(8)守门员转身接反弹球。守门员距墙2～3m背向站立，教练员距墙5～6m用力向墙掷球，守门员迅速转身接从墙上反弹回来的各种球。

四、乒乓球专项灵敏素质的训练

乒乓球运动是一项非周期性体育运动，技术动作复杂，变化无常，而且球在空中运行的时间只有0.2～0.4s，灵敏素质对乒乓球运动员来讲，有重要意义。

(一)灵敏素质训练的手段

1.速度训练的一般手段

乒乓球运动的活动范围较小，只限于一臂击球，步法移动也只有3m左右。同时往返的次数又很多，这样移动速度和摆臂的速度就决定了乒乓球的运行速度，因此，少年儿童应优先发展上、下肢的一般快速能力。上肢训练的主要手段是：徒手做快速伸屈小臂练习；原地做正手、反手，拉、削等动作练习；持球拍做快速挥臂练习；持球拍做快速屈伸练习；持哑铃做快速屈伸小臂动作练习。下肢一般速度训练手段有：加速跑练习，一般在15～30m，60m的距离内进行；循环练习，快跑30～40m，左右迅速移动30～40m，然后后退跑15～20m；变速跑练习，快跑20～40m，慢跑60～80m，调整呼吸，再快跑20～40m，慢跑60～80m，调整呼吸；步法移动速度练习，左右移动步法练习(以球台宽度为界)，左右跨跳(以1/2球台宽度为界)，交叉步移动(以球台长度为界)，侧推练习，长短球步法练习，摸球台端线两角(左、右侧或前、后侧移动)，沿球台侧边滑步练习。

2.反应速度训练手段

乒乓球运动员反应速度的快慢取决于兴奋通过反射弧的时间，因此，提高大脑皮层灵活性和综合能力，对各种复杂情况迅速地做出准确判断是很重要的。提高反应速度的方法有以下几种。

(1)利用信号做相应的动作练习。各种姿势的突然性起跑(冲刺距离15m以内)，看手势信号迅速移动步法和挥拍练习，在方圆10m内看手势的前后左右变方向跑，按信号疾跑、急停，根据信号迅速起动(做侧分步、上步、跨步、交叉步等动作)。

(2)根据口令做相应的动作。上旋——做扣杀或推挡动作；下旋——做拉抽或搓球动作；弧圈——做正手快带或反手推压动作。

(3)判断对方动作练习。二人想象比赛(观察对手做出击球动作后，再做出反应和动作)，在单线对攻中突然有一方变线。

(4)多球练习。用多球做接发球练习(根据对方发球动作,迅速判断旋转性质和落点,然后做出反应动作)。教练员用多球击出不同旋转、不同落点的球,队员应迅速反应,准确接球。

(5)其他练习。各种活动性练习和各种球类运动。

(三)灵敏素质训练应注意的问题

(1)对训练水平较低的运动员进行训练时,重复次数不宜过多,一般在身体感觉还未疲劳时即停止。因为强度大,重复次数多易产生疲劳,对发展灵敏性是不利的。

(2)安排课的内容时,应先进行灵敏性训练。可采用变速跑和快速跑的方法,有效地发展速度,不要做长时间的耐力跑。

(3)根据运动员的年龄特点,训练时要注意灵活性和多样性,提高他们的练习兴趣。

(4)确定灵敏素质训练的项目和内容时,必须根据乒乓球运动技术的特点和少年儿童的生理、心理特点,有针对性地选用训练手段。

(5)灵敏素质与力量素质、耐力素质有着紧密的联系,但是,灵敏素质的训练不能代替其他素质的训练,必须在符合运动员和健身人群身体素质发展规律的条件下,适当地安排耐力和力量训练,使运动员和健身人群的身体得到全面发展。

五、格斗项目专项灵敏素质的训练

(一)一般灵敏素质训练

1. 往返变向跑

在短距离内做三个以上的变向折返或在折返点做一些不同的动作。例如,绕靶折返跑,在30m内将4～5个脚靶交错或平行放置成两排,指定练习者绕过脚靶,并在绕过脚靶时将脚靶翻过来,要求完成全程动作时速度快、动作准确。完成指定动作折返跑,在20m内平行或交错放置4～6个拳套或手靶,指定练习者在跑到拳套或手靶放置点时,依次快速、准确、到位地完成一个俯卧撑、抱膝跳、仰卧起坐、跳转一圈等动作。

2. 各种复杂动作组合练习

将各种复杂动作有序或无序地组合在一起,要求练习者快速、准确、协调地完成动作,可以原地练习也可在跑跳中进行。例如,立卧撑、元宝收腹、跳转一圈、两头翘组合练习,练习时可指定动作次序,也可由教练随意喊其中动作口令。

各种滚翻练习,将前滚翻、后滚翻、侧滚翻、鱼跃前滚翻组合到一起行进间连贯快速完成。

各种跳跃、滚翻、钻爬组合练习,将练习者排成一路纵队,第一个人俯身双手撑地,第二个人从第一个人下面钻过并在3～5m处屈身扶膝站立,第三个人依次钻过第一人、分腿跳过第二人后在5m处屈膝俯身双手撑地,第四个人依次完成前两个动作后从第三人身上鱼跃前滚翻越过,并在3～5m处重复第一个人动作,后面的人依次进行。

3. 各种改变方向的追逐性游戏

例如,垫上橄榄球游戏,将练习者分成两组或三组,每组8～12人,可以穿上护胸并戴上头盔,用拳套或手靶代替橄榄球,游戏中两方各设一小门,在游戏中可以冲撞、抱摔、伸拉。

贴人游戏,参考格斗体能训练速度素质中反应速度练习里的贴人游戏练习,在此不赘述。

(二)专门灵敏素质练习

1.移动中的躲闪练习

例如,前进中滑步绕行沙包练习,练习者利用前滑步及左右滑步躲过沙包向前快速绕行前进。

后退中滑步绕行沙包练习,练习者利用向后滑步躲闪快速绕行沙包。

躲闪穿越摆荡沙包的练习,将所有沙包尽力大幅度地摆荡起来,要求练习者在躲闪开沙包的同时利用滑步快速前进。

2.触摸练习

例如,摸肩练习,把练习者分为两人一组,规定在一定的范围内用手触摸对方肩部,可以利用步伐移动躲闪。

全身触摸练习,同摸肩练习一样,可在练习中用手或脚触摸对方身体的任何部位。

3.同侧身体不协调动作组合练习

例如,同侧上步打拳练习,要求练习者在上右步的同时打出右手直拳或摆拳、钩拳,上左步的同时打左手拳法,腰胯发力要协调一致。

同侧拳腿练习,右边腿与右摆拳组合练习,左直拳与左侧踹腿组合练习等。

4.各种复杂动作组合连贯练习

例如,左右手交叉直卷接右正蹬腿接右摆拳;提膝格挡然后手抱腿别腿摔等组合练习。

5.空击及条件实战练习

例如,可以通过想象模拟与对手格斗,进行各种格斗技术动作组合连贯空击练习。也可两人在不发力的条件下进行对抗练习。

思 考 题

1.解释灵敏素质。灵敏素质的分类有哪些?

2.灵敏训练的意义有哪些?举例说明。

3.影响灵敏素质发挥的主要因素有哪些?

4.如何发展篮球、排球、格斗等项目的灵敏素质?例举一项说明。

第七章　体能训练中的营养与恢复

内容提要

营养素对运动员身体素质的提高及训练后的恢复具有非常重要的作用，是教练员及运动员提高运动成绩的重要手段之一。本章主要介绍了营养素的基本功能、特殊身体素质的营养特点、不同环境下的营养补给及训练后的恢复与营养。

学习重点

本章的学习重点包括不同身体素质训练对营养的要求，训练后的恢复与营养措施。

第一节　营养素与体能训练

一、糖

从运动员训练后的营养补充内容看，糖类属于主要能量物质，运动过程中和运动后必须随时予以补充。糖是维持人体生命及运动能力的主要能源物质，体内糖类物质在有氧及无氧状态下，均能分解，产生出能量，供人体运动之用。糖是运动中常用的也是必要的营养补充。补糖还有提高运动员自身免疫力的功效。研究发现，运动过程中和运动后补糖，能使血糖浓度保持正常水平，可起到稳定免疫系统功能的效应。作为消除疲劳必须补充的能量物质，的糖补充不仅可以恢复体内血糖浓度，及时恢复肌糖元的储量，还是防治中枢神经疲劳的重要物质。运动消耗的大量神经能量通过体内糖的补充，可以迅速恢复，从而保持大脑的清醒，中枢神经机能也得以提高。

二、蛋白质

蛋白质属于运动过程中的高消耗物质，身体部分能量消耗，各种器官系统及运动中受损肌肉的修复等，无一不与之有联系。人体骨骼肌中存在大量的不同种类的氨基酸，氨基酸对肌肉的生长发育和修复起到至关重要的作用。极限运动中，氨基酸还是主要的供能物质之一。

三、脂肪

脂肪是人体长时间运动的主要能量来源，也是比糖和蛋白质更高的能量源泉。但摄取过多会导致身体肥胖，影响人体参加运动，经常食用麦芽油可增加运动的耐久力，这是因为麦芽油含有亚油酸，它可以变成肌糖元储存起来，另外麦芽油中含有较多的维生素E和植物固醇。运动能促进脂肪代谢，脂肪在氧供应充足时，是人体长时间运动的主要能源，运动能降低血糖含量，减轻体重，特别是降低体内脂肪的比例。

四、水

一个运动员在训练或比赛的任何阶段，水都是其关键的营养因素，脱水是不能取得最佳成绩的。众所周知，当脱水现象严重时，甚至会危及生命。研究表明，当失水占体重2%时会降低调节体温的能力，但该失水量对运动能力似乎无重大影响；然而，当失水占体重3%时，就可降低肌肉收缩的持续时间；当失水占体重4%时，体力可受到相当程度的影响；当失水达6%时，甚至会产生危及生命的并发症。

五、维生素

维生素对促进健康和取得优异的运动成绩有积极的作用。但许多人错误地认为，过多地摄取维生素是无害的。其实并非如此。脂溶性维生素A，D，E，K摄取过量就有毒性作用，这是由于该类维生素在体内积蓄过多的缘故。水溶性维生素在体内不易储存，因而摄取量超过机体需要量时，多余的通常会随尿排出。

六、矿物质

丰富多样的平衡膳食是矿物质既充足又安全的来源。一般来说，增补矿物质并不能增强体力。钙的重要生理功能包括：调节肌肉的收缩和舒张；维持神经冲动的传递；参与凝血过程；与许多激素的分泌和激素释放因子有关。氯和钠的主要来源是食盐。运动员运动时大量出汗，盐分丢失较多，缺盐时会软弱无力，容易疲劳，严重时会发生肌肉痉挛、恶心、头痛等。钾存在于细胞内，起着维持细胞内适宜的渗透压、酸碱平衡和营养素出入细胞的转移等作用，并且参与糖原和蛋白质代谢，维持细胞内某些酶的活性。

第二节　身体素质与营养

一、耐力素质与营养

(一)耐力素质训练的运动营养学因素

正确的饮食对耐力运动员的运动水平起着重要的作用。这一点人们在几个世纪前就认识到了，但正如我们对有效训练手段的不断认识、不断提高一样，近年来对饮食的作用这个问题的研究也不断加深。为了能有效并成功地完成训练，耐力运动员首先应是健康的，因而其饮食最低也应达到“健康饮食”的标准。下面为美国国家权威科学机构推出的饮食目标：

(1)为避免体重增加，只摄取要消耗的能量，如减体重，应减少能量摄入，增加能量消耗。

(2)对复合碳水化合物和植物糖的消耗,从摄入能量总消耗的28%增加到48%。

(3)对机体内糖原的消耗,从占总耗量的45%降到10%。

(4)对全脂的消耗,从占总能耗的40%降到30%。

(5)对饱和脂肪的消耗降到占总能耗的10%。

(6)对胆固醇的消耗减到300mg/天。

(7)每日对盐的摄入约为5g,以限制钠的摄入。

(二)耐力素质训练的营养特点

近年来,随着科学的发展,各国专家已重视从营养角度去解决耐力项目中人体能量供应的问题,以促进这些项目成绩的进一步提高。如前所述,在耐力性运动中,人体是靠碳水化合物提供能量的,时间特别长的耐力负荷则由脂肪酸提供能量。因此,碳水化合物对提高运动成绩起着极为重要的作用。碳水化合物以两种形式储存在人体内,一种是糖原,储存在肝和肌肉中,另一种是葡萄糖,随血液进行循环。糖原的补充来自含适量碳水化合物的食物或饮料。因此,在训练期,特别是大强度训练期,一定要吃高碳水化合物的饮食,以补充糖原储量,尤其是在赛前的几个星期和比赛的前夕。补充足够的体液对于耐力项目的训练有着重要的意义,充足的体液可以保证向组织输送氧气,促进废物的排除及排汗,并可以调节体温。充足的体液还可加速细胞中葡萄糖的酵解和转化为糖原。食物成分的组成,即脂肪、蛋白质及糖类须有合适的比例。苏联的医学专家扎列斯基认为对女子中长跑运动员来说,这三者的比例应如下:蛋白质为15%,脂肪为25%,糖类为60%。其比例关系应随训练过程的实际状况而有所变化。事实上,由于耐力项目运动员各自所从事的专项不同,他们的物质代谢与能量消耗是不相同的。中长跑运动员与马拉松运动员相比,更需要力量性素质,因此应增加食物中的蛋白成分,蛋白成分有益于肌肉力量的增加。对中长跑运动员来说,更重要的是糖类,因为糖类是中长跑运动员从事强度性工作的主要能量来源,而马拉松和竞走运动员的食物中应增加脂肪含量,因为马拉松与竞走运动员不能过多地进食,而脂肪可以保证提供足够的热量储备,以使运动员完成持续的大运动量训练。从事耐力项目的运动员运动强度小,时间长,大量的流汗增加了铁的耗损量。美国的一项研究报告指出:极度的流汗可使体内铁的耗损提高一倍。因此耐力项目运动员,特别是中长跑运动员患贫血症的比例较高。国外研究认为,由于缺铁而造成的血红蛋白含量减少会使负荷耐力时间减少。血红蛋白含量减少1.9g/100mL,会使负荷耐力时间减少29%;当血红蛋白含量增加1.6g/100mL时,耐力负荷马上增加23%。缺铁不仅影响血红蛋白的合成,同时使许多重要的酶的活性下降,并易使运动员在运动负荷后产生过量的乳酸血症和早期疲劳。国内外许多文献已报道,对运动员补充铁剂,可使运动员血红蛋白浓度改善或提高,并提高运动成绩。

一般正常成年男子每日需要吸收铁元素1mg,月经期妇女每日要补充1.5~2mg铁,运动员铁的摄入量应高于常人,并补充一定量的维生素C、B1、B2、尼克酸,以利于对铁的摄取和利用。美国科学家曾对一些优秀运动员做了碱性食物实验,实验结果表明,吃碱性食物的受试者的血液pH值和耐力与吃一般食物的选手相比有较大的差异。碱性食物可使运动员血液的pH值呈碱性,并使耐力得到明显的改善。摄入下列食物能使血液呈碱性:含矿物质的蔬菜、水果和谷物,特别是含钾的香蕉、桔子、葡萄干、花生、胡萝卜、芹菜、麦片粥、牛奶等。此外应控制肉食,包括猪、牛、鸡、鱼肉等,不得饮用含酒精的饮料。对于即将参加比赛的运动员来说,赛前的最后一次进食对于在比赛中能否创造好的成绩具有不可忽视的作用。据美国营养学家惠勒和卡梅伦的看法，赛前的最后一餐应具有以下特点：

(1)高碳水化合物含量，碳水化合物应占该餐总热量的60%～70%。

(2)低脂肪和低蛋白质含量。

(3)低盐。

(4)量较少，不含高纤维食物。

(5)含有适量的水分。

进餐的时间也很重要。如果进餐量大，热量超过2 000cal①，进餐时间应在赛前3～4h，如进餐量少，热量在1 000cal以下，进餐时间可安排在赛前2～3h。值得注意的是，赛前和训练前不宜补糖。不少研究结果证实，在临赛前或训练前30～45min服用果糖或葡萄糖，会提高碳水化合物的氧化速率并抑制自由脂肪酸的利用，反而造成血糖浓度下降，使耐力运动的时间减少19%，从而影响大强度运动成绩的提高，如果确实需要服糖，则应在赛前5min时服用40～50g、浓度为35%～40%的葡萄糖。

二、力量素质与营养

(一)糖

对力量型项群一般不主张赛前专门补糖，通常情况下成人每日每千克体重约需4～6g，运动员需8～12g。摄入蔗糖过多时，对身体有许多危害，举重运动员更要注意，以防产生肥胖病。我国的膳食习惯是多糖膳食，糖在膳食中的比例较高，一般在膳食热量充足的情况下就不会缺糖。因此，一般情况下，没有必要在膳食之外再另补充糖。

(二)蛋白质和氨基酸

蛋白质与人体运动能力密切相关，如肌肉收缩、氧的运输与储存各种生理机能的调节等。此外，氨基酸可为运动时能量消耗提供5%～10%的能量。力量型运动使蛋白质分解加强，同时活动肌群蛋白质的合成也增加，并大于分解的速度，因而肌肉粗大，使肌体对蛋白质的需要量增加。运动实验表明：运动前后供给蛋白质，对改善肌肉的质量和力量有良好的效果。若蛋白质摄入不足，不仅直接影响训练效果，还会造成运动性贫血，但若摄入过多，不但对肌肉粗大和提高肌肉功能没有良好作用，而且对正常代谢也有不良影响。成年运动员每千克体重需1.8～2g的蛋白质。运动员的蛋白质供热量可为一日总热量的15%～20%，来源中最好有1/3的优质蛋白质。含蛋白质较多的食物有肉类、鱼类，其含量一般为10%～30%；奶类为1.3%～3.8%；蛋类为11%～14%；豆类为20%～49.8%；坚果类为15%～26%；谷类为6%～10%；薯类为2%～3%。蛋白质的供给除植物蛋白质外，还应给予一定比例的动物性蛋白质。

(三)脂肪

脂肪虽不是快速力量项目的能源物质，但它还是组成机体的成分，也可促进脂溶性维生素的吸收和利用。每日膳食中有50g脂肪能基本满足人体的需要。一般认为脂肪应占每日热能供应量的17%～20%左右，不宜超过30%。力量项目运动员的脂肪供给应多用植物油，饱和脂肪酸应少于10%。

---

① 1 cal=4.186 8J。

(四)维生素

力量型项群运动员所需主要维生素为:①维生素 B1,能促进能量代谢,维护神经系统的机能等。运动员的维生素 B1 的供给量规定为训练期 3～5mg/天,比赛期 5～10mg/天。②维生素 B2 能促进参与蛋白质的代谢及保持神经系统的正常功能。运动员的维生素 B2 供给量一般为训练期2mg/天,比赛期 2.5～3mg/天。③维生素 C 可提高运动员的竞技能力,提高 ATP 酶的活性等。运动员维生素 C 的供给量一般为训练期 100～150mg/天,比赛期 150～200mg/天,④维生素 B3 在糖、脂类和蛋白质代谢中起着至关重要的作用。成人每日需求量为 15～20mg。⑤维生素 B6 与力量素质有很大的关系。成人每日需求量为 2mg 左右。⑥维生素 E 能提高人体运动能力,促进蛋白质的合成,改善肌肉营养和血液供应,提高肌肉质量等。美国建议膳食中供给量成年男子为 15 国际单位,成年女子为 12 国际单位(1 国际单位维生素 E,相当于 1.1mg 的 α-生育酚纯品)。

(五)无机盐和水

与力量型项群有密切关系的无机盐与水:①钙可维持神经肌肉的正常兴奋性,成年男女每日需求量为 600mg。据研究报道,我国运动员普遍存在钙摄入不足的问题,应注重从富钙的食品中摄取,如奶制品、蔬菜、豆类、海带、小虾米等均含丰富的钙。②磷与能量代谢和神经肌肉活动有密切关系,磷酸盐的补充能加强体内的磷化过程,有可能改善运动能力。磷缺乏时,可引起 ATP 和磷酸肌酸水平的降低,肌肉能量代谢受损。运动员磷的每日需求量为 2.0～2.5g,在能量消耗大或神经高度紧张的情况下,每日需磷 3.0～4.5g。磷广泛存在于蛋类、肉类、鱼类、豆类中,绿色蔬菜中含磷量也较高。③锌是许多金属酶的组成成分或酶的激活剂,目前已知与锌有关的酶有数千种,锌与核糖核酸、脱氧核糖核酸和蛋白质的生物合成等有关。成人每日需 2.2mg,以膳食中吸收率为 20%计算,每日供给锌量为 15mg。锌主要来源于动物性食物、谷类与豆类等。运动员对锌的需求量大小尚缺乏研究,估计比正常人高,运动员宜从含锌丰富的食品中摄取。④氯化钠与肌肉活动关系密切,缺乏时肌肉软弱无力,易于疲劳。成人每日需氯化钠 8～15g,在天气炎热或剧烈运动大量出汗的情况下,氯化钠的需求量增加,排汗 1L,约需补充氯化钠 3g。⑤水是人类生存最重要的营养素之一,脱水对力量运动项目的运动能力无明显的影响。成年人每日每千克体重需水 40mL。

三、速度素质与营养

速度素质是指人体进行快速运动的能力或用最短时间完成某种运动的能力。按其在运动中的表现可以分为反应速度、动作速度和周期性运动的位移速度三种形式。这三种形式的训练手段和训练原则都离不开肌肉力量和柔韧的练习,所以在营养补剂方面,速度素质和力量素质的营养摄入具有很多相似的地方。

(一)糖

对于糖的补充以往的观点认为补糖主要用于耐力运动项目。近期报道:高强度持续 3～6min 的运动、间歇性运动(如球类)或高强度的冲刺性运动中糖也有作用,体能主导类速度型项群一般不主张在比赛前专门补糖。补糖应当符合体内能源物质能迅速被动员,使三磷酸腺苷(ATP)和磷酸肌酸(CP)的再合成加速,并减少体内酸中毒的要求。因此膳食中应供给含量丰富且易于吸收的糖,运动员每日每千克体重需 8～12g。此外,1,6-二磷酸果糖(FDP)和低聚糖的补充，对于运动中堆积乳酸的消散和利用、pH 值的调节、肌肉酸痛现象的缓解会有明显的作用。

（二）蛋白质和氨基酸

蛋白质与人体运动能力密切相关，如肌肉收缩、氧的运输与储存、各种生理机能的调节等。此外，氨基酸可为运动时能量消耗提供 5%～10%的能量。若蛋白质摄入不足，不仅直接影响训练效果，还会造成运动性贫血，但若摄入过多，不但对肌肉粗大和提高肌肉功能没有良好作用，而且对正常代谢也有不良影响。成年运动员每日每千克体重需 2g 蛋白质以上，占一日总热量的 15%以上，来源中最好有 1/3 的优质蛋白质。

（三）脂肪

脂肪虽不是速度型项目的能源物质，但它还是组成机体的成分，也可促进脂溶性维生素的吸收和利用。每日膳食中有 50g 脂肪能基本满足人体的需要。一般认为脂肪应占每日热能供应量的 17%～20%左右，不宜超过 30%。运动员的脂肪供给应多用植物油，饱和脂肪酸应少于 10%。

（四）维生素

速度型项群运动员所需主要维生素为：①维生素 B1，它能促进能量代谢，维护神经系统的机能等。运动员的维生素 B1 的供给量规定为训练期 3～5mg/天，比赛期 5～10mg/天。②维生素 B2 能促进参与蛋白质的代谢及保持神经系统的正常功能。运动员的维生素 B2 供给量一般为训练期 2mg/天，比赛期 2.5～3mg/天。③维生素 C 可提高运动员的竞技能力，提高 ATP 酶的活性等。运动员维生素 C 的供给量一般为训练期 100～150mg/天，比赛期为 150～200mg/天。④维生素 B3 在糖、脂类和蛋白质代谢中起着至关重要的作用。成人每日需求量为 15～20mg。⑤维生素 E 能提高人体运动能力，促进蛋白质的合成，改善肌肉营养和血液供应，提高肌肉质量等。美国建议膳食中供给量成年男子为 15 国际单位，成年女子为 12 国际单位。

（五）无机盐和水

与速度型项群有密切关系的无机盐与水：①钙可维持神经肌肉的正常兴奋性，成年男女每日需求量为 600mg。据研究报道，我国运动员普遍存在钙摄入不足的问题，应注重从富钙的食品中摄取，如奶制品、蔬菜、豆类、海带、小虾米等均含丰富的钙。②磷与能量代谢和神经肌肉活动有密切关系，磷酸盐的补充能加强体内的磷化过程，有可能改善运动能力。磷缺乏时，可引起 ATP 和磷酸肌酸水平的降低，肌肉能量代谢受损。运动员磷的每日需求量为 2.0～2.5g，在能量消耗大或神经高度紧张的情况下，每日需磷 3.0～4.5g。磷广泛存在于蛋类、肉类、鱼类、豆类中，绿色蔬菜中含磷量也较高。③锌是许多金属酶的组成成分或酶的激活剂，目前已知与锌有关的酶有数千种，锌与核糖核酸、脱氧核糖核酸和蛋白质的生物合成等有关。成人每日需 2.2mg，以膳食中吸收率为 20%计算，每日供给锌量为 15mg。锌主要来源于动物性食物、谷类与豆类等。运动员对锌的需求量大小尚缺乏研究，估计比正常人高，运动员宜从含锌丰富的食品中摄取。④氯化钠与肌肉活动关系密切，缺乏时肌肉软弱无力，易于疲劳。成人每日需氯化钠 8～15g，在天气炎热或剧烈运动大量出汗的情况下，氯化钠的需求量增加，排汗 1L，约需补充氯化钠 3g。⑤水是人类生存最重要的营养素之一，脱水对速度运动项目的运动能力无明显的影响。成年人每日每千克体重需水 40mL。

四、安排运动员饮食必须遵循的原则

随着竞技运动水平的不断提高，体育科研已经渗透到运动训练的各个方面，从技术、战术、体能到疲劳恢复。国际上也越来越重视运动员营养的研究，而我国在这方面的研究才刚刚起步，相关成果和资料尚不多见。本文参阅了国际上大量相关研究成果，提出了不同项目运动员的合理饮食结构和标准，为我国运动员科学制订运动食谱提供了依据。

运动员饮食是恢复和提高机体工作能力的重要手段之一。饮食在体内完成两个特别重要的机能：及时补充体能和补偿生命活动过程中所消耗的可塑性生物活性物质。运动员的饮食与普通人的饮食一样，除了应符合平衡饮食的一般原则外，还应有其自身的特点。平衡合理的营养是取得良好运动成绩的前提，虽然从本质上来讲没有什么可以直接提高运动成绩的营养，但不合理的饮食会明显改变运动员的机能状况，导致过早地疲劳和体能下降，影响运动成绩，甚至有损健康，产生伤病。因此，教练员必须十分重视运动员的营养，注意学习和掌握必要的营养学知识，善于在日常的训练工作中运用这方面的知识。

一般认为机体对能量和食物的需要取决于人的年龄、性别、生理状态、身体活性、气候条件及其他因素。很显然，高水平运动员在训练和比赛时身体负荷强度极大，肌肉和神经系统以及心理的消耗远远大于普通人，因此，能量和食物的需要量也必须高于普通人。

总体说来，运动员的饮食在服从于平衡、合理的一般原则下，还应遵循以下一些原则：

(1)饮食的营养必须全面，除了要满足身体对热能的需要外，还应充分提供水分、维生素、矿物质和纤维素等，并注意兼顾动物性和植物性食物的搭配。

(2)运动员的饮食选择，不仅应补充消耗体能的食物，而且应选择能促使其提高运动能力、在紧张的训练后能加速恢复过程、并有助于防止过度紧张和过度疲劳发生的食物。

(3)运动员饮食的安排必须要有针对性，要根据运动员的专项特点、身体状况和神经、心理负荷特点以及不同的训练阶段和比赛实际，并因人而异选择相应的饮食。

(4)尽可能利用饮食因素来调节运动员的体重，保持最佳工作能力以及项目级别所必须控制的体重。

(5)运动员的饮食要少而精，美味可口，易于消化吸收，不能给消化道造成负担。

第三节　特殊环境训练与营养

一、高原环境

高原有着特殊的自然环境，其特点是低压、低氧、气候干燥寒冷、风速大、太阳辐射和紫外线照射量明显增大。在高原环境下，随着海拔的升高，空气中的氧分压不断降低，人如果长期处在这种缺氧环境中，严重者可出现低氧血症。由于人的神经组织对内外环境变化最为敏感，因此在缺氧条件下，脑功能损害发生得最早，损害程度也比较严重，且暴露时间越长，损害越严重，特别是对感觉、记忆、思维和注意力等认知功能的影响显著而持久。高原的特殊环境特点对机体的生理及心理活动影响是明显的。对抗缺氧的最好办法是供氧，例如，初次进入高原的人配备简易的便携式供氧装置，这样有助于将缺氧所致的认知功能下降等风险降低到最小程度。人对缺氧有一个适应过程，一般需要1～3个月的时间，因此在首次进入高原之前，最好有

计划地、间歇性地暴露于不同高度的环境中，使机体有足够的时间对环境变化进行代偿，以此减轻和消除由于缺氧所引起的各种症状。

(一)糖类和脂类

运动员高原训练时既要克服缺氧刺激，又要克服能量的大量消耗。为了防止因能量物质的大量消耗而引起的疲劳过度积累，就要求人体及时地补充一些耗氧少且能及时供给能量的糖类物质。高原训练应采用低脂膳食，可给运动员添加一些运动补剂加速体内脂肪的氧化，如丙酮酸、草酰乙酸、肉碱等。

(二)蛋白质

补充蛋白质的方式有很多种，可以选择优质蛋白、游离氨基酸、蛋白质水解产物、支链氨基酸等，通过补给可以起到有效促进肌肉合成、强化肝功能、减轻骨骼肌疲劳等作用。激烈运动中肌蛋白处于分解状态，运动前补充蛋白质可抑制肌蛋白分解，对中枢神经系统有一定的影响，有防止中枢神经疲劳的作用。

(三)水

由于高原空气干燥，日照较强，运动员呼吸次数增加，通气量加大将使机体水分丧失严重。运动员高原训练在高原地区体液的丧失要比平原严重得多。因此机体容易产生脱水。高原训练时，除及时补充因运动出汗导致体液丢失的水分外，还应每天至少比在平原训练时多补充1L以上的水，以保证机体每日尿量在1.0～1.5L之间来排泄代谢废物。每天的补水量一般应达3～4L。补水时，应采取“少量多次”的原则，每次补水量应为100～150mL。

(四)矿物质

在高原训练期间，运动员造血功能明显增加，红细胞增生，血红蛋白增加。因此，在高原训练期间，机体内铁的储量及铁的补充和吸收，对于提高血红蛋白浓度、增加血氧含量具有重要的意义。一般每天补铁量为20～25mg。特别是女运动员在月经期及月经后7天内，每天服铁剂量应适当增加，同时辅以维生素B、维生素C，帮助铁的吸收。铜是各种生物所必须的微量元素之一。没有铜，铁就不能进入血红蛋白分子，所以即使铁充足，缺少铜同样会导致贫血。锌为200余种金属酶的组成成分，对运动员的机能状态和运动能力有多方面影响。适量补锌可抑制机体自由基的产生并加强自由基的清除，恢复部分受损免疫细胞的功能，刺激激素的合成代谢。钾、钠、镁等矿物质有助于提高机体承受高强度、大运动量的训练，还可以预防长时间高强度运动可能引起的痉挛。

(五)维生素

中长跑运动员高原训练期间运动量大、运动时间长、新陈代谢旺盛，因此维生素的消耗量会相应增大。在高原训练期间，补充维生素不仅能提高抗缺氧耐力，而且能改善高级神经活动功能，减轻疲劳，提高运动耐力和机体的免疫能力，使运动员在最佳的运动状态下参加训练和比赛。

二、高温环境

高温环境是一个大家非常熟悉的特殊环境之一，其主要特点是日辐射强，雨水多，湿度大。运动训练时，剧烈的肌肉活动使机体产热增加，而机体内散热的效率下降，导致体温升高。同时，由于垂体-肾上腺系统的紧张反应，使体内环境的稳定发生变化，相应产生生理反应和营养需求的改变。因此，在高温环境条件下，必须合理安排运动训练时的营养，这有助于提高运动训练者的适应能力、运动能力和健康水平。

(一)要保持热量平衡

高温环境下，能量的消耗除了运动消耗外，还受高温环境的影响。在30～40℃的高温环境下，温度每升高1℃，能量消耗就增加5%，在高温条件下进行运动训练，机体对能量的需求量可增加10%～40%。但考虑到高温条件下食欲和消化功能有所减弱，摄入较多的食物以增加能量供应有一定的难度，所以推荐以增加10%左右的能量为宜。

(二)合理的热源质比例

根据高温环境条件和运动项目的特点，对糖、脂肪和蛋白质的摄入量作适当的调整。由于高温环境下耗能大，产、散热多，因而提倡高糖、中脂、低蛋白的食谱。因为糖的代谢终产物为水和二氧化碳，有利于排出。而蛋白质的代谢终产物为酸性物质，增加内环境的酸度，使机体容易疲倦，但又必须保持充足的能量，所以须进食一定的脂肪，以释放较高的能量来保证充足的能量供应。

(三)合理的膳食制度

高温环境下人的食欲减弱，所以要求运动后45min以后才开始进餐。一般情况下，早上的气温较低且未进行大运动量训练，因而要培养早餐“多食”和“食好”的习惯，并且在晚上增加适当的夜餐，使消耗的能量得到补充。

(四)高温环境下的饮水卫生

(1)补水量。高温环境下失水多，补水量应适当增加。一般为发汗量的80%，一般以暂时满足口渴感为限，不宜过少或过多。

(2)补水方法。运动前30～60min，饮水100～200mL；运动时间每增加20～30min，饮水150～200mL；运动后每增加15～20min，饮水200～250mL。一般运动总时间少于35min时，不提倡运动中补水。

(3)饮品成分。以水为主的含糖饮料，其中应含有电解质和维生素C，糖和电解质的含量不宜过高，一般在2.5g/100mL左右，运动后可适当进食碱性食物，如各种水果。

(4)水温。水温以8～14℃为宜，因为这种温度的水通过胃的时间最短。切忌饮用长时间冷冻的低温饮品。

三、低温环境

低温环境是运动员经常遇到的一种外界环境。对于运动员来说，低温环境主要见于运动员从热带到温带比赛或在冬季进行室外运动训练与比赛，以及在低温水中的游泳训练与比赛。在低温环境中进行运动训练或比赛，低的气温会给机体带来一些不利的影响。

(一)低温环境对运动员身体功能的影响

1. 低温环境对体温的影响

人体处于冷环境中，势必会加大人体能量的消耗，从而出现体温下降，代谢、呼吸和循环功能障碍，严重时会引起死亡。在冷环境中进行长时间运动会导致身体热量过度散发，超过机体对体温的调节控制能力，引起过低体温。但是，环境温度并不是低体温的绝对原因，低温环境下的体温调节还与环境的其他因素有关。

2. 低温环境对机体代谢的影响

低温环境可使交感神经系统兴奋，血液儿茶酚胺浓度升高，引起肢端末梢血管和皮肤血管的收缩，心率加快，心输出量增加，造成碳水化合物利用率大幅度增加，同时伴有中度的脂肪氧化作用。低温环境下低运动量时心率较温暖环境低，而氧耗量明显增加。当皮肤和直肠温度均下降时，会消耗脂肪。中度活动量时肌糖原的利用明显下降而氧耗量不会进一步发生变化。低体温可反射性地引起人体内物质代谢过程加强，增加氧耗。穿着湿衣服在有风的天气中进行次极限强度的运动时的耗氧量，要比在舒适的环境中进行同样强度运动的耗氧量高数倍。

3. 低温环境对骨骼肌功能的影响

低温环境对骨骼肌功能的影响主要表现在两方面：一是低温环境可促使骨骼肌代谢加强。有学者报告，低温环境下，动物快肌纤维和慢肌纤维线粒体中，琥珀酸脱氢酶和细胞色素氧化酶的活性明显升高，这表明低温环境引起骨骼肌有氧氧化和能量代谢的加快，以增加热量的产生，维持体温。同时，慢肌纤维的肌纤维数量在暴露于低温环境一定时间后也增加，从而进一步说明这是低温环境促进骨骼肌有氧代谢，增强适应性变化的结果。二是低温环境可影响外周神经系统，造成皮肤和肢端感觉性下降，骨骼肌的协调能力减弱，关节的灵活性也减弱，容易发生肌肉和肌腱撕裂、抽筋等运动性损伤。

(二)营养措施

低温环境下人体对维生素的需求量增加，与温带地区比较，增加量为 30%～35%。随着低温下能量消耗的增加，与能量代谢有关的维生素 B1、维生素 B2 及尼克酸都需要增加，尼克酸、维生素 B6 及泛酸对机体也有一定的保护作用。

(1)供给充足的能量。低温环境下对能量的需求应比同一人群常温下增加 10%～15%。蛋白质、脂肪、碳水化合物的供能比分别为总能量的 13%～15%，35%～40%，45%～50%。其中脂肪供能比显著高于其他地区。

(2)保证蛋白质的供给。在膳食安排时，应特别注意鱼类、禽类、肉类、蛋类、豆类及其制品的供应。同时还可适当选择含高蛋白、高脂肪的坚果类(核桃仁、花生仁等)食品。

(3)提供富含维生素 C、胡萝卜素和无机盐钙、钾等的新鲜蔬菜和水果，适当补充维生素 C、维生素 B1、维生素 B2、维生素 A 和烟酸等。对低温环境工作人群，推荐摄入量比常温环境同工种增加 30%～50%。

(4)食盐的推荐摄入量每日每人大约 15～20g，高于非低温地区。

第四节　训练后的恢复与营养

运动员体能训练主要包括力量训练和速度训练，对于运动员恢复与营养的结合是教练和体育工作者应该具备的基本知识，根据运动员的年龄阶段，教练员应及时作出调整，使运动员在最佳状态参赛。

运动员的恢复主要依靠运动量的调整、理疗、按摩等。合理营养是运动员取胜的重要因素之一，是运动员健康和运动能力的保证。营养对运动员的训练、机能状态、体力适应、恢复过程以及运动性疾病有着密切的关系。作为教练员，了解一些运动员营养的基本知识是非常必要的。

一、恢复措施

（一）整理活动

整理活动是消除疲劳、促进体力恢复的一种有效措施。进行放松练习，能使人更好地由紧张的运动状态过渡到安静状态。运动后内脏器官还得继续高水平的工作，以补充运动时缺少的氧，如果不做整理活动，而突然停止，身体的静止姿势会妨碍强烈的呼吸，影响氧的补充；同时因为影响了静脉回流，心输出量骤然减少，血压急剧下降，会造成暂时的脑贫血，产生一系列的不舒适感，甚至出现重力性休克。整理活动能促进肌肉放松，消除乳酸堆积，所以它是非常重要的。体育运动的整理活动以呼吸体操和伸展练习为主，可消除肌肉痉挛、减轻肌肉酸痛和僵硬程度，对预防运动损伤的发生也有良好效果。

（二）物理疗法

1. 水浴

温水浴是简单易行的消除疲劳的方法，可促进体内营养物质的运输和机体代谢废物的排出。水温为42℃左右，时间10～15min。

桑拿浴有镇静，使肌肉、组织、关节充血的作用，还可大量排汗。具体做法是在60～80℃环境中，停留10～20min。

2. 按摩

按摩是消除疲劳的重要手段，可分为人工按摩、机械按摩、水力按摩和气压按摩。一般在训练后进行，按摩部位应根据项目特点和疲劳情况而定。在进行肌肉人工按摩时，应以揉捏为主，适当配合搓、抖、扣打和踩法。先按摩大肌肉，再按摩小肌肉，一侧按摩后，再按摩另一侧。臀部、大腿后侧等肌肉丰厚的部位，可重按压。在环跳、足三里、三阴交等处点穴，有助于减轻肌肉的酸痛反应。

3. 睡眠

睡眠能消除疲劳，促进体力恢复。睡眠时大脑皮层兴奋降低，体内代谢较低而合成较高，有利于能量的积蓄。

4. 营养和药物

运动时所消耗的物质要靠饮食中的营养物质来补充，安排好膳食有助于恢复过程。在体育运动训练之后，身体消耗较大，应及时补充糖和蛋白质、无机盐和维生素。中草药、营养补剂、保健品和运动饮料有调节中枢神经系统的功能，如三七、蜂王浆、人参、鹿茸等对养血补气效果很好。

5. 心理恢复

对于心理疲劳，应调节大脑皮层的机能从而达到消除疲劳的目的，如气功、意念疗法、放松练习、欣赏舒缓的音乐、练习瑜伽等。

二、营养措施

(一)一般营养措施

1. 水和电解质的补充

补液主要指水和电解质的补充。在训练和比赛时,由于体温的升高,过量的排汗,引起脱水及体内电解质(主要有钠、钾、钙、镁等离子)的丢失,从而造成血容量减少,心脏负担加重。电解质的丢失会影响细胞膜电位,使神经兴奋传递出现障碍,从而使运动员的运动能力下降。因此运动员必须采取合理的方法及时补液。补液主要选用含糖和电解质的等渗饮料,以少量多次为好,一般运动前补充400～500mL,比赛中暂停时可补液150～300mL,运动后补液也要少量多次,以免造成胃部不适。

2. 糖的补充

糖代谢具有耗氧量小、供能效率高等特点,是运动中有氧、无氧供能的主要能源物质,也是大脑的主要能源,糖摄入不足不仅会严重影响运动员的训练质量和运动能力,同时会影响其他物质的正常代谢。糖在人体内主要以肝糖原、肌糖原的形式存在。人体血液中血糖浓度必须保持一定的水平,若血糖浓度下降就会引起中枢疲劳。因此,必须高度重视运动员体内糖原的储备与运动后的恢复,以便保证运动员长时间运动的能力。有研究表明,赛前适当补充含糖饮料,能够有效节省肌糖原消耗,推迟疲劳发生的时间,提高运动能力。

3. 碱性物质的补充

安静时,人体血液正常pH值为7.35～7.45。在运动员大负荷运动后,由于乳酸等代谢产物的堆积,导致血液pH值下降,机体内环境平衡遭到破坏,糖酵解中的磷酸果糖激酶活性被抑制,使糖代谢供能过程减慢,影响运动员机体功能。所以运动员必须及时适量补充碱性盐来中和酸性物质,促使机体内环境的平衡,从而有效地消除疲劳,恢复体能。

4. 抗氧化剂的补充

适量补充抗氧化物质有利于减轻疲劳,增强耐力,防止运动损伤和炎症。目前大量的研究表明,运动员在长期大负荷运动时,体内会产生大量的氧自由基,会使细胞膜的脂质过氧化反应加强,破坏细胞膜的通透性,从而导致运动员的运动能力下降。因此运动员在训练期间应对抗自由基类运动营养补充品的使用引起足够的重视。补充抗氧化剂以对抗运动中生成的大量自由基是延缓运动性疲劳的发生、促进运动后疲劳的消除和身体机能的恢复的重要手段之一。

(二)特殊营养补剂

1. 乳清蛋白

乳清蛋白是从牛奶中提取出来的蛋白质,乳清蛋白是一种优质高效的蛋白,可以为大多数运动员所选用——既包括力量型项目,如举重、柔道、摔跤等项目运动员,也包括耐力型项目如马拉松、长跑等,同时足球、游泳、自行车等体能型项目运动员都可选用。

2. 螺旋藻

螺旋藻是地球上最古老的微生物之一,是天然食物中蛋白含量最丰富的。螺旋藻不仅能提供优质的高蛋白,还能提供机体所必需的脂肪酸。此外,螺旋藻还具有造血功能。耐力型项目(如竞走、长跑等)运动员,由于运动时间比较长,往往机体红细胞破坏较多,补充螺旋藻对血红蛋白的合成有帮助,对机体疲劳恢复极为有效。

3. 牛磺酸

牛磺酸广泛分布于动物组织细胞内，在鱼贝类中含量十分丰富。补充牛磺酸能使机体MDA含量显著降低，阻止SOD，GSH的下降，有效地抑制脂质过氧化，保护细胞膜，提高机体的抗氧化能力。

4. 谷氨酰胺

谷氨酰胺是免疫系统必需的代谢基质。运动时机体代谢速率增加，谷氨酰胺消耗增多，导致机体免疫球蛋白合成减少，巨噬细胞吞噬力下降。尤其是当运动员过度训练时，血浆中谷氨酰胺含量大幅降低，这种降低会造成肌肉蛋白质合成减少、机体免疫功能低下。因此，补充谷氨酰胺对提高机体免疫力是有帮助的。

思　考　题

1. 简述营养素对身体素质的重要性。
2. 简述运动训练中营养素的流失和补给。
3. 简述训练后期的营养恢复手段及注意事项。

参考文献

［1］ 阮如钧.竞技运动训练的理论与方法［M］.台北：体育出版社，1985.
［2］ 徐本力.运动训练学［M］.济南：山东教育出版社，1990.
［3］ 曾凡辉.运动员科学选材［M］.北京：人民体育出版社，1992.
［4］ 王兴，等.体能训练的基本理论与基本原则研究［J］.中国体育教练员，2003(2)：4-5.
［5］ 赵志英，等.对体能的探析［J］.北京体育示范学院学报，1999(1)：44-46.
［6］ 李之文.体能概念探讨［J］.解放军体育学院学报，2001(3)：1-3.
［7］ 冯炜权，等.优秀运动员身体机能评定方法［M］.北京：人民体育出版社，2003.
［8］ 万德光，等.现代力量训练［M］.北京：人民体育出版社，2003.
［9］ 王保成，等，竞技体育力量训练指导［M］.北京：人民体育出版社，2001.
［10］ 柳伯力，等.运动训练学［M］.北京：人民体育出版社，1999.
［11］ 熊斗寅.浅析“体能”概念［J］.解放军体育学院学报，2000(1)：1-3.
［12］ 杨世勇.体能训练学［M］.北京：高等教育出版社，2004.
［13］ 《身体素质训练法》编写组.身体素质训练法［M］.北京：人民体育出版社，1999.
［14］ 唐思宗，杨世勇.身体训练学［M］.成都：成都科技大学出版社，1992.
［15］ 过家兴，等.运动训练学［M］.北京：北京体育学院出版社，1986.
［16］ 田麦久，武福全，等.运动训练科学化探索［M］.北京：人民体育出版社，1988.
［17］ 图多·博姆帕.运动训练理论与方法［M］.马铁，等，译.北京：人民体育出版社，1990.
［18］ 王宝成.力量训练与运动机能强化指导［M］.西安：陕西人民教育出版社，1993.
［19］ 多勃雷夫.举重运动员的力量、战术和意志训练［J］.郭金荣，译.中国体育科技，1984(24).
［20］ 袁运平.我国高水平男子百米跑运动员体能训练理论体系的研究［D］.北京体育大学，2002.
［21］ 刘庆山.体能训练基本理论与我国高水平篮球运动员体能训练研究［D］.北京体育大学，2004.
［22］ 马特维耶夫，霍缅科夫，等.体育理论与方法［M］.莫斯科：莫斯科体育与运动出版社，1980.
［23］ 沃森.身体素质与运动成绩［M］.武维，译.北京：人民体育出版社，1999.
［24］ 邢文华，等.身体测量与评价［M］.北京：北京体育学院出版社，1986.
［25］ 郭廷栋.竞技举重运动［M］.北京：人民体育出版社，1990.
［26］ 《体育词典》编写组.体育词典［M］.上海：上海辞书出版社，1984.
［27］ 全国体育学院教材委员会《体育理论》编写组.体育理论［M］.北京：人民体育出版社，1981.
［28］ 全国体育学院教材委员会.运动训练学［M］.北京：人民体育出版社，1989.
［29］ 田麦久.运动训练学［M］.北京：人民体育出版社，2000.
［30］ 孙学川.现代军事体能探索［J］.解放军体育学院学报，2001(1).
［31］ 哈雷.训练学［M］.蔡俊伍，等，译.北京：人民体育出版社，1986.

[32] 古列维奇．发展身体素质的循环训练[M]．陈庆树，等，译．北京：人民体育出版社，1989.
[33] 延峰．实用运动训练问答[M]．北京：人民体育出版社，1993.
[34] 张英波．田径体能训练[M]．北京：人民体育出版社，2005.
[35] 全国体育运动委员会．运动生理学[M]．北京：人民体育出版社，2000.
[36] 杨建昌．运动生理学[M]．西安：西安地图出版社，2005.
[37] 全凯．耐力性青少年运动营养的研究[J]．体育科技文献通报，2007，15(12)：61-63.
[38] 田野．运动生理学高级教程[M]．北京：高等教育出版社，2003.
[39] 赵宏阳．力量训练和耐力训练的生理基础[J]．浙江体育科学，2008，30(6)：100-104.
[40] 全国体育教材委员会．运动生理学[M]．北京：人民体育出版社，2002.
[41] 杨仁光．对少年儿童女子中长跑运动员速度与耐力训练的研究[J]．少儿体能训练，2009，28(1)：28.
[42] 李高华．篮球运动员专项耐力素质训练探讨[J]．湖北体育科技，2009，28(3)：197-199.
[43] 《国家学生体质健康标准解读》编委会．国家学生体质健康标准解读[M]．北京：人民体育出版社，2007.
[44] 燕国材．身体素质教育论[M]．广州：广东教育出版社，2002.
[45] 李金龙，刘宗立．社会体育概论[M]．南宁：广西师范大学出版社，2005.
[46] 王铁生．青少年田径运动员柔韧素质训练特征[J]．西安体育学院学报，2005.
[47] 杨世勇，李遵，唐照华，等．体能训练学[M]．成都：四川科学技术出版社，2001.
[48] 马启伟，张力为．体育运动心理学[M]．杭州：浙江教育出版社，1998.
[49] 钟霖，李继伟，张杜青．排球健身操提高高校学生柔韧和灵敏素质的试验研究[J]．北京体育大学学报，2003(3).
[50] 葛春林，陈忠和．排球专项灵敏素质的研究现状及其训练方法[J]．上海体育学院学报，1997(5).
[51] 张钧．运动营养学[M]．北京：高等教育出版社，2006.
[52] 王橹．不同田径项目冬训期的运动营养[J]．田径，2005，29(12)：47-48.
[53] 刘宏．运动营养学[M]．合肥：安徽科学技术出版社，2005.
[54] 张钧，张蕴琨．运动营养学[M]．北京：高等教育出版社，2006.
[55] 王劲鹏．中长跑项目的运动营养方案[J]．田径，2005，29(6)：54-55.
[56] 刘玉桥．浅谈投掷项目的技术教学及运动营养恢复措施[J]．田径，2005，29(9)：53-54.
[57] 罗素玉．冷环境对运动员身体功能的影响[J]．中国临床康复，2005，9(20)：215.
[58] 朱慧．三大营养物质在运动员饮食中的供能作用[J]．南京体育学院学报，2003，2(4)：12-14.
[59] 左群．助运动员恢复疲劳的特殊营养物质[J]．中国体育教练员，2004，21(3)：16-17.